Histoires de fumeurs de joints

Un psy à l'écoute des jeunes

Histoires de fumeurs de joints

Un psy à l'écoute des jeunes

par

Pascal Hachet

In press

ÉDITIONS IN PRESS
Tél. : 01 43 35 40 32
Fax : 01 43 21 05 00
E-mail : InLine75@aol.com
www.inpress.fr

Maquette : Syntexte

HISTOIRES DE FUMEURS DE JOINTS – UN PSY À L'ÉCOUTE DES JEUNES

ISBN 2-84835-084-9

À mes collègues Benjamin Appert,
Yves Casu, Aurore Cavé et Claude Lefèvre

À nos partenaires, notamment
de l'Éducation nationale et de la Justice

À nos patients et à leurs proches

Introduction

Selon Jean-Pol Tassin (2002), « les scientifiques ne devraient pas avoir grand-chose à dire sur le cannabis s'ils étaient honnêtes ». Les neurobiologistes et les toxicologues peut-être, encore que cette affirmation me paraît traduire un excès de modestie. Mais les professionnels de l'écoute, qui entendent des histoires de vie individuelles et tentent d'en modifier les soubassements douloureux, si. Engagés depuis des années dans la prise en charge des consommateurs de cannabis, les psychologues ont beaucoup à dire, d'une part, au sujet des différents effets et dangers du cannabis, d'autre part, concernant les motivations ponctuelles ou durables qui sont à l'origine d'une consommation de cannabis, à l'adolescence ou à l'âge adulte.

Le grand public comme les spécialistes s'accordent sur un fait incontestable : la consommation de cannabis, notamment chez les jeunes, a connu un spectaculaire développement depuis une quinzaine d'années en France[1]. En revanche, lorsqu'il est question des raisons qui poussent des adolescents ou des adultes à fumer du cannabis, les débats prennent coutumièrement une tournure plus que discutable car abrupte, manichéenne, qui a également prévalu parmi les intervenants en toxicomanie jusqu'au milieu des années 1990. On est persuadé que des jeunes et des

1. Notre pays n'est pas isolé en la matière, puisque ce phénomène concerne toute l'Europe.

adultes fument des « joints » soit pour s'amuser, sans aucun signe de mal-être, soit parce qu'ils se trouvent dans le vestibule de l'enfer des « drogues dures », signe d'une toxicomanie débutante et inéluctable…

Mon expérience de la prise en charge de ces personnes et de leur entourage dans le cadre d'un Centre Spécialisé de Soins aux Toxicomanes (CSST)[2] – depuis quinze ans – et d'un Point Accueil Écoute Jeunes (PAEJ) – depuis huit ans – suggère que la réalité est nettement plus nuancée. Une clinique du cas par cas est impérative. À cet effet, les interventions d'un psychologue auprès de consommateurs de cannabis poursuivent deux buts complémentaires :

– Évaluer le degré d'attachement psychique de l'adolescent ou de l'adulte au produit, sachant que ce degré va de pair avec la fréquence de la consommation de cannabis. Le sujet a-t-il fumé un ou plusieurs « joints » pour faire une expérience sans suite ? En fume-t-il de temps en temps pour faire la fête avec ses amis, sans que cette pratique envahisse sa vie quotidienne ? Fume-t-il des « pétards » chaque jour et solitairement, pour limiter les conséquences mentales et relationnelles de la crise adolescente s'il s'agit d'un jeune ou pour « donner le temps au temps » face à une situation stressante dont la « digestion » psychique est difficile ? Est-il « accro » au cannabis, qu'il consomme alors pour se « défoncer », au point que sans ce produit l'existence lui paraîtrait insupportable, dans le but plus ou moins avoué d'anesthésier un mal-être important ? Selon la situation, le clinicien propose au consommateur de cannabis soit des rencontres informelles à caractère informatif, soit des entretiens

2. J'ai présenté en détail les missions que les psychologues assument au sein de ce type de structure dans *Psychologue dans un service d'aide aux toxicomanes* (2002) et j'ai abordé la problématique psychique et la psychothérapie des héroïnomanes – majoritaires dans la file active des CSST – dans *Les toxicomanes et leurs secrets* (1996).

de « guidance » (c'est-à-dire de soutien psychoéducatif), soit une prise en charge psychothérapique (éventuellement accompagnée d'une prescription de médicaments à action « calmante » ou / et antidépressive, à condition toutefois de ne pas limiter la prise en charge à cette intervention médicale et en étant attentif au risque de basculement dans une toxicomanie médicamenteuse si les fondements psychiques de l'addiction ne sont pas significativement travaillés).

– Évaluer les représentations du jeune ou de l'adulte concernant les risques liés à sa consommation. Si les fumeurs de « joints » circonscrivent rapidement les sensations que le cannabis procure, ils ignorent souvent ou banalisent – surtout les adolescents – les risques qui en résultent : les troubles de la mémoire et de l'attention, l'altération de la vigilance au volant, etc. Quel que soit le rapport d'un individu donné au cannabis, le clinicien explore les connaissances et représentations de l'intéressé et l'aide à les modifier. Cette pratique préventive prend résolument appui sur l'expérience de la consommation du patient et stimule sa capacité à la questionner.

Cette réflexion s'inscrit dans la continuité de l'ouvrage *princeps* que j'ai consacré à l'étude psychodynamique des usages de cannabis à l'adolescence et à la prise en charge psychologique et éducative des jeunes consommateurs et de leurs parents, *Ces ados qui fument des joints* (2000). Il s'agit à présent :

– De mettre l'accent sur les représentations et le vécu des utilisateurs de cannabis, en lien avec les effets du produit et ses contextes de consommation (en soirée, au travail, etc.).

– De poser les premiers jalons d'une compréhension psychodynamique des usages de cannabis à l'âge adulte.

Pour cela, je donnerai fréquemment la parole aux fumeurs de « joints ». Une place importante sera donc faite aux vignettes cliniques.

Je propose au lecteur un parcours en sept étapes.

Dans un premier chapitre, je dresserai un état des lieux des usages de cannabis à l'adolescence et j'insisterai sur les différentes attitudes que les parents adoptent face à la consommation de leur fils ou de leur fille. Je montrerai que travailler sur ces attitudes parentales nécessite d'identifier les représentations qui les sous-tendent. J'examinerai ensuite les différents rapports psychologiques possibles au cannabis : l'usage expérimental, l'usage occasionnel et la dynamique groupale dans laquelle il s'inscrit, l'usage régulier et l'usage addictif. Je consacrerai un troisième chapitre aux caractéristiques et conséquences des consommations de cannabis au cours de la vie quotidienne : en milieu scolaire, au volant et au travail. Je détaillerai ensuite les risques plus conjoncturels qui sont couramment liés à un usage de cannabis : être agressé, être dénoncé, être interpellé par les forces de l'ordre, pâtir du coût et de la qualité incertaine du produit, subir un accident psychiatrique – principalement une attaque de panique ou une bouffée délirante – et avoir des problèmes sanitaires à long terme. Abordant dans un cinquième chapitre les consommations de cannabis par de nombreux adultes, j'insisterai sur le fait que ces personnes entretiennent plus fréquemment un rapport régulier, voire toxicomaniaque mais alors masqué par la « force de l'habitude », avec le « joint » que les adolescents, mais que leur connaissance des risques liés à l'utilisation du produit est bien plus satisfaisante que chez ces derniers ! De manière pragmatique, je présenterai ensuite les deux principaux types de lieux d'aide pour les fumeurs de cannabis qui existent dans notre pays : les Consultations Cannabis ouvertes en direction des adolescents et des jeunes adultes dans certains Centres Spécialisés de Soins aux Toxicomanes (CSST) et dans certains services hospitaliers d'addictologie ; les Points Accueil Écoute Jeunes (PAEJ), structures de prévention et d'évaluation des usages nocifs de substances psychoactives chez l'adolescent et de soutien psychoéducatif aux parents. En dernier lieu, je m'autoriserai à mettre au travail mes états d'âme de « psychologue citoyen » : j'appellerai de mes vœux un renforcement de l'articulation entre les champs judiciaire et sanitaire, en termes d'orientation avec classement sans suite (absence de condamnation) de consommateurs de cannabis vers les centres d'aide et de soins, ainsi qu'un repositionnement réaliste de la loi française sur les stupéfiants allant dans le sens d'une réglementation de l'usage du cannabis[3], comme c'est le cas pour l'alcool et le tabac.

3. Je ne me prononcerai pas au sujet des autres substances classées stupéfiantes : héroïne, ecstasy, cocaïne, etc., dont je n'étudie pas la consommation dans cet essai.

CHAPITRE I

État des lieux

LES USAGES DE CANNABIS À L'ADOLESCENCE se caractérisent par l'accentuation préoccupante de plusieurs facteurs : la précocité et la fréquence de la consommation, l'engagement moins festif dans le produit, la banalisation de l'usage et de ses effets, le développement rapide du « cannabis au féminin » et la consommation simultanée de plusieurs substances psychoactives (par exemple cannabis + alcool).

Les consommations de cannabis à l'adolescence[1]

En France, la plupart des fumeurs de cannabis se recrutent chez les 15-22 ans. Sur le plan quantitatif, les consommations de « joints » à l'adolescence possèdent actuellement les caractéristiques suivantes :

– Elles sont de plus en plus précoces. Il y a une dizaine d'années, le premier « joint » était majoritairement le fait de lycéens. À présent, il s'agit essentiellement de collégiens, âgés de 14 ans en moyenne (l'âge moyen de la première cigarette de tabac – indispensable pour confectionner un « joint » de cannabis – étant de 13 ans).

1. Les consommations de cannabis à l'âge adulte feront, elles, l'objet d'une réflexion spécifique au chapitre V.

– Ces consommations sont de plus en plus fréquentes. L'enquête Espad (1999), réalisée transversalement en milieu scolaire dans trente pays européens[2] sur la base d'un questionnaire commun axé sur les usages, les attitudes et les opinions relatifs aux substances psychoactives, a révélé que si en 1993, 34 % des garçons et 17 % des filles âgés de 18 ans avaient déjà consommé du cannabis, ces pourcentages étaient respectivement de 59 % et 43 % (soit plus du double en ce qui concerne les filles) six ans plus tard. En 2003, la même enquête a montré que si 8,1 % des garçons et 6 % des filles de 14-15 ans d'une part et 20,6 % des garçons et 16 % des filles de 16-17 ans d'autre part avaient déjà expérimenté le « joint » en 1993, ces pourcentages s'établissaient dix ans plus tard à 24,9 % chez les garçons et 16,5 % chez les filles de 14-15 ans d'une part et à 47,6 % chez les garçons et 41 % chez les filles de 16-17 ans d'autre part. Ils atteignent même désormais 66 % chez les garçons et 52 % chez les filles âgés de 18 ans. Dans tous les cas, les expérimentations de cannabis augmentent nettement à partir de l'âge de 14 ans.

– Corrélativement, un pourcentage croissant de ces consommations ne ressort plus d'un simple « essai pour voir ce que ça fait ». Ainsi, l'enquête Lycoll, réalisée en 1999 auprès de collégiens et de lycéens des Charentes-Maritimes, a fait apparaître que 20 % des fumeurs de cannabis en avaient déjà consommé plus de dix fois au cours des douze derniers mois. De même, l'enquête Escapad, réalisée en 2000 par l'OFDT auprès de 14000 jeunes lors de la Journée de Préparation à la Défense, a souligné le caractère régulier et solitaire de la « fumette » chez la

2. En France, ESPAD (European School Survey on Alcohol and Other Drugs) a été confiée à l'équipe Santé de l'Adolescent de l'Institut National de la Santé et de la Recherche Médicale (INSERM) et à l'Observatoire Français des Drogues et des Toxicomanies (OFDT). Un échantillon de seize mille élèves âgés de 12 à 18 ans et scolarisés au sein de 400 établissements publics et privés du second degré a été interrogé.

moitié des garçons et chez un quart des filles de 17 ans ayant déjà consommé du cannabis. Plus récemment, l'enquête Espad (*op. cit.*) a révélé que 21 % des adolescents et 7 % des adolescentes âgés de 18 ans fument au moins dix cigarettes de cannabis par mois.

– Massification et diversité des usages se rejoignent dans les estimations avancées par Beck et Legleye (2003) au sujet du nombre de consommateurs de cannabis dans notre pays : 9,5 millions de sujets âgés de 18 à 75 ans auraient consommé au moins une fois ce produit au cours de leur vie, 3,1 millions en auraient consommé dans l'année, 600 000 au moins dix fois dans le dernier mois et 350 000 en feraient un usage quotidien. Le cannabis est donc la substance psychoactive illicite la plus consommée en France.

– Par ailleurs, ces usages se déclinent majoritairement au masculin. L'enquête Espad 2003 (*op. cit.*) indique qu'à l'âge de 15 ans, deux fois et demi plus de garçons que de filles ont consommé au moins dix fois du cannabis au cours de l'année et que cet écart entre les sexes s'accroît avec l'âge, puisqu'à 18 ans trois fois plus de garçons que de filles sont dans cette fréquence de consommation.

– *Last but not least*, les consommations de cannabis ont assez fréquemment lieu dans l'enceinte du collège, du lycée ou de l'université. C'est ce qui ressort d'un sondage effectué par la Sofres en 1992 : 18 % des consommateurs de cannabis interrogés ont dit fumer des « joints » dans leur établissement scolaire. Ce pourcentage est en réalité nettement plus élevé en ce qui concerne les adolescents, puisque l'enquête a été réalisée auprès de personnes âgées de 12 à 44 ans !

Sur le plan qualitatif, les consommations de cannabis à l'adolescence possèdent d'autres caractéristiques :

– Elles sont banalisées à outrance par les jeunes fumeurs de « joints ». L'enquête Lycoll (*op. cit.*) indique que seuls 7 % des consommateurs hebdomadaires et 15 % des consommateurs quotidiens de cannabis jugent que cet usage constitue un « problème ».

– Elles sont très diversifiées en termes de fréquence et, par là même, d'attachement psychologique au produit. On peut distinguer l'usage expérimental, l'usage festif – ou « récréatif » –, l'usage régulier – c'est-à-dire quotidien ou presque – et l'usage addictif ou toxicomaniaque – retrouvé chez 3 à 5 % au moins des consommateurs de cannabis. Si la curiosité et l'incitation à imiter d'autres jeunes paraissent être les principales motivations à expérimenter le « pétard », les fumeurs occasionnels recherchent les effets euphorisants du produit, les fumeurs réguliers s'intéressent à ses effets calmants ou / et à ses effets antidépresseurs et les usagers « addictés » visent un état d'anesthésie comparable à la « défonce » à l'héroïne ou à l'alcool.

En toile de fond, les consommations juvéniles de substances psychoactives licites et illicites subissent depuis quelques années une décontextualisation qui a fait voler en éclats les repères antérieurs, et ce phénomène concerne aussi les adultes. Ainsi, alors que les *rave parties* ne suscitaient que des usages de substances psychostimulantes – en premier lieu l'ecstasy – destinées à permettre aux participants de danser toute une nuit au rythme trépidant de la musique techno, la plupart de ces manifestations sont devenues des hypermarchés de la drogue où les substances sédatives – en premier lieu le cannabis et l'héroïne –, dont les effets sont pourtant opposés au tonus requis pour « faire la teuf », voisinent avec des substances psychodysleptiques telles que les « champignons » et le LSD, qui connaissent un inquiétant renouveau. Inversement, alors que les jeunes vendeurs ou / et fumeurs de cannabis habitant dans les quartiers défavorisés – les « cités » – avaient tendance à mépriser les *rave parties*, préférant le rap à la « musique boum boum », et ne voulaient pas entendre de l'ecstasy, qualifiée de « chimique, contrairement à l'herbe », cocaïne, crack et amphétamines sont désormais aussi disponibles dans les caves et les escaliers des tours et des barres HLM qu'au cours des soirées techno, que ces dernières soient urbaines ou champêtres.

Les parents face à la consommation de cannabis de leur adolescent

Pourquoi les « fumettes » de « joints » connaissent-elles un tel développement chez les jeunes ? Comment faire la part des choses entre les usages « festifs » de cannabis et la consommation régulière, voire addictive, de ce produit ? Quels liens y a t-il entre une consommation de cannabis et le mal-être adolescent ? Dans quelle mesure cet usage risque-t-il de s'installer au long cours, voire de faciliter l'utilisation d'autres substances « psychoactives », licites (alcool, etc.) comme illicites (héroïne, ecstasy, etc.) ? Et concrètement, comment intervenir, tant sur le versant de la prévention que sur le versant thérapeutique, auprès des jeunes qui fument des « joints », sachant que la majorité d'entre eux ne sollicite guère de l'aide ?

Travaillant les professionnels, ces questions se posent avec une insistance particulière aux parents, interlocuteurs de première ligne des adolescents. De fait, si peu de jeunes fumeurs de cannabis consultent spontanément et pour eux-mêmes, leurs parents effectuent fréquemment cette démarche. Qu'observons-nous alors ? L'adolescent tend à banaliser sa consommation, lâchant avec agacement : « ça n'est rien », « actuellement tout le monde en fume », « c'est comme prendre l'apéro », « la loi française est ringarde sur ce point », « on peut arrêter quand on veut ». Les parents, eux, tendent à s'affoler : « ses résultats scolaires sont en chute libre », « il refuse d'en parler avec nous », « il s'isole des autres jeunes », « ça va le rendre fou », « rien ne nous garantit qu'il ne se retrouvera pas avec une seringue dans le bras ». La désinvolture du jeune fait paniquer ses parents, ce qui renforce ensuite l'opposition de l'intéressé, globalement occupé – à l'instar de ses pairs – à se démarquer de ses proches pour, à terme, quitter le foyer familial.

Face aux parents et aux adolescents pris dans un tel cercle vicieux, le psychologue commence par compléter son évaluation du rapport subjectif du jeune au cannabis – que j'ai évoqué en introduction et que j'approfondirai au chapitre suivant – par un apport d'informations au sujet des risques objectivement liés à l'utilisation du produit, tout en rappelant de manière « citoyenne » l'état des lois : l'altération de la vigilance (préjudiciable à l'effort intellectuel et à la conduite d'engins motorisés), la démotivation (coupure relationnelle et perte du désir de réaliser des projets), l'absence de garantie d'anonymat de la part des revendeurs (qui n'hésitent pas à livrer le nom de leurs clients en cas d'interpellation par les forces de l'ordre), etc. Il s'agit par ce biais de diminuer l'écart qui existe, tant chez les parents que chez le jeune, entre les représentations au sujet du cannabis et la réalité. Si je réserve plus avant l'examen des représentations juvéniles, celles de leurs parents peuvent être détaillées dès à présent.

Les représentations que pères et mères ont préalablement des « joints » influencent décisivement le regard qu'ils portent sur la consommation de leur adolescent. Au risque de friser la lapalissade, ce biais était prévisible. Il peut prendre plusieurs formes :

– Les parents mettent sur le compte d'une consommation de cannabis une souffrance psychologique extrême (parfois, il s'agit du début d'une maladie mentale) qui est complètement étrangère à cet usage.

– Les parents qui fument ou ont fumé du cannabis dans un contexte ludique lénifient la consommation de leur rejeton, au risque de ne pas voir que cette dernière peut être problématique et sous-tendue par un mal-être insistant[3].

3. Je donnerai deux illustrations cliniques de ce cas de figure dans le chapitre V.

– Les parents qui ont vécu une expérience psychiquement traumatisante en rapport avec un usage de drogue au sens large (par exemple le décès par overdose d'héroïne d'un proche) dramatisent aveuglément la consommation de leur rejeton, au risque de ne pas accepter le fait que cette dernière puisse être non addictive et non sous-tendue par un mal-être.

– Les parents qui sont dépendants à une substance psychoactive – même légale comme l'alcool ou le tabac – se taisent, par honte, face à la consommation de cannabis de leur adolescent car ils ont l'impression, parfois affirmée par l'intéressé (qui croit avoir trouvé leur talon d'Achille), qu'ils sont mal placés pour donner des leçons d'abstinence. Je pense au contraire que ces adultes ont d'autant plus voix au chapitre. Leur expérience prouve en effet qu'un usage de drogue peut être problématique et ils peuvent légitimement souhaiter que leur adolescent ne les imite pas. Pour enfoncer si besoin le clou, être adulte, n'est-ce pas de toute façon, comme le formule Nasio (2004), « vivre sans crainte de se montrer puéril et sans honte de s'avouer dépendant ? ».

Ces occurrences ne sont pas retrouvées en proportion identique. Les parents des adolescents qui fument des « joints » appartiennent à une génération (jusqu'ici) beaucoup moins concernée par ce produit et se heurtent au mutisme de leurs rejetons lorsqu'ils essayent d'en parler avec eux. Par conséquent, ils cèdent souvent à la panique ou à la colère et ont tendance à prendre des décisions éducatives pas toujours adaptées. Cette réaction parentale est une source de ressentiment et de rejet chez le jeune consommateur de cannabis. Dès lors, une maladie de la confiance[4] se met en place de part et d'autre.

4. Le lecteur intéressé par les tenants et aboutissants de la communication entre parents et adolescents pourra se reporter à P. Hachet, *Peut-on encore communiquer avec ses ados ?* (2004).

Pour sortir progressivement de cette impasse relationnelle, le psychologue qui reçoit un jeune fumeur de « joints » a tout intérêt – au moins dans un premier temps – à associer ses parents aux entretiens. Ce professionnel de l'écoute se pose alors en médiateur. Il incite d'abord chacun à exposer ses griefs. Il amène ensuite l'adolescent et ses parents à travailler sur les représentations qu'ils se font de la consommation de cannabis, de façon à ce qu'ils soient en mesure d'analyser la situation avec moins de subjectivité. Si ce travail passe par une évaluation du rapport psychologique que le jeune entretient réellement avec le produit, il s'agit en plus d'apprécier ici la manière dont cette consommation juvénile renvoie les parents à leur propre adolescence et à ce qu'ils ont pu en dire à leurs enfants.

Pour dire les choses autrement, après avoir circonscrit le rapport psychique de l'adolescent avec le cannabis et permis aux parents comme au jeune de se faire une idée réaliste de la consommation de l'intéressé et des risques qu'il prend, le psychologue engage l'entretien vers les relations intrafamiliales. Il s'agit notamment de savoir si les parents s'autorisent à faire part de souvenirs ou d'anecdotes tirés de leur propre adolescence pour offrir des repères à leur rejeton, qui se construit psychiquement en adhésion ou / et en opposition à ces repères. Parfois, un tel questionnement suscite un embarras massif chez les parents. Dans d'autres cas, on découvre qu'un usage soutenu de cannabis a débuté à la suite d'un événement familial bouleversant dont le jeune a tenté d'atténuer l'impact en s'appuyant sur les effets sédatifs du produit : déménagement impromptu, séparation des parents, décès, révélation d'un secret de famille[5], etc.

5. Dont les effets nocifs – dans tous les cas – en termes de santé mentale préexistent de surcroît à leur révélation. Comme l'écrit Evelyne Granjon (1989) : « Nos ancêtres nous lèguent [alors] un livre d'histoire dont ils ont arraché certaines pages, nous en imposant cependant le déchiffrage. »

Les réactions parentales lors d'une intervention judiciaire

Il est fréquent qu'un adolescent et ses parents soient adressés vers un professionnel de l'écoute par un service de justice, soit dans le cadre d'une mesure judiciaire (nommée « injonction thérapeutique » en cas d'alternative à une condamnation pour usage de stupéfiants et nommée « obligation de soins » en cas de condamnation pour ce même délit), soit dans le cadre d'une orientation « appuyée » hors mesure judiciaire (nommée « orientation avec classement »), cette seconde forme d'adressage tendant à se développer. De manière spécifique, une adresse par les autorités judiciaires crée la possibilité d'une ou plusieurs rencontres entre un psychologue et de nombreux adolescents qui, sans cela, ou bien n'auraient jamais eu connaissance des lieux d'aide aux fumeurs de cannabis, ou bien auraient longuement hésité à s'y rendre.

Là encore, s'il est fondamental que les parents prennent connaissance du rapport que leur adolescent a avec le cannabis et de ses motivations diverses et variées de « fumeur de joints », il est tout aussi essentiel que le psychologue favorise la verbalisation par le père et la mère de ce qu'ils ressentent, d'une part pour qu'ils puissent éprouver quelque soulagement, s'il y a certes lieu qu'il en soit ainsi, d'autre part pour que l'adolescent les écoute et, éventuellement, en tire un enseignement : une modification de sa consommation ou / et un effet de sens par rapport à celle-ci, notamment si les parents révèlent alors leurs petits et grands secrets d'adolescence[6].

6. L'intervention de la justice auprès d'adolescents amène certains parents à être loquaces au sujet d'événements familiaux de transgression de la loi. On peut quelquefois se demander si la mise en œuvre d'attitudes hors-la-loi par leur progéniture n'a pas inconsciemment pour but de provoquer une verbalisation franche par les parents d'occurrences familiales de même nature, jusqu'alors verrouillées par le secret… À ce sujet, voir Nachin (1999).

Les parents que je rencontre dans le cadre d'une orientation par la justice ont globalement trois « types » d'attitudes.

Certains sont agressifs. Ils expriment des exigences, des récriminations et des revendications :

– Envers la justice : « Système pourri », « Pendant ce temps-là ».

– Envers leur fils ou leur fille : « Tu n'es qu'un(e) "toxico" », « Pas de ça chez moi ; dégage ! ».

– Envers eux-mêmes (un parent critique l'autre), en lien avec ce qu'ils pensent de la justice, de leur fils ou de leur fille, du cannabis, etc.

– Envers le professionnel de l'écoute qui les reçoit : « Nous sommes venus parce que nous y étions contraints », « Vous ne servez à rien. Vous nous faites perdre notre temps ».

Cette attitude peut traduire une rigidité paranoïaque mise en place à la suite d'expériences piteuses, qu'il s'agirait de dérober agressivement à l'adolescent de peur de perdre la face devant lui. Il arrive que ces parents mènent l'entretien, sous l'effet de la colère.

D'autres parents sont inquiets, déstabilisés, en proie à des représentations catastrophiques. Ils sont effrayés :

– Par la justice ; ils redoutent que leur fils ou leur fille soit condamné(e), qu'il ou elle ait un casier judiciaire.

– Par le comportement de leur fils ou de leur fille : « Va-t-il y avoir une escalade dans sa consommation de drogues ? », « Est-il (elle) toxicomane ? », « Que va-t-il (elle) faire de sa vie ? ».

– Par eux-mêmes ; par exemple, la mère souffre de l'attitude du père (ou inversement) lorsqu'il s'agit de faire front commun : « Il ne se rend pas compte », « Il est trop laxiste », « Il est trop sévère », « Je porte tout ».

– Par le savoir et le pouvoir supposés du professionnel de l'écoute qui les reçoit : « Est-il (elle) toxicomane ? », « Qu'allez-vous lui faire ? », « Allez-vous adresser un rapport à la justice ? », « Va-t-il (elle) devoir être hospitalisé(e) ? », « Le cannabis est-il en train de le rendre fou ? ».

Cette attitude peut correspondre à la réactualisation de situations traumatiques parentales, liées à la maladie, aux addictions ou encore à la condamnation judiciaire voire à l'incarcération. Il se produit alors une entrée en résonance entre la situation actuelle de l'adolescent et le vécu problématique enkysté dans le psychisme du ou des parent(s) : la « boîte de Pandore » qu'est la partie clivée du Moi du père ou / et de la mère est brutalement rouverte par cette résonance critique.

Enfin, certains parents font preuve de banalisation, de désinvestissement, de désintérêt. Ils sont indifférents :

– Envers la justice : « Ce n'est pas grave ; le cannabis sera bientôt dépénalisé ».

– Envers leur fils ou leur fille : « Ce produit n'est pas dangereux », « Il (elle) assume ses responsabilités et, donc, ses écarts par rapport à la loi ».

– Envers eux-mêmes : « Mon mari pense ça et je m'en fiche », « Je fais ce que je veux », « Nous sommes un couple libéré ».

– Envers le professionnel de l'écoute qui les reçoit : « Vous êtes bien gentil, mais nous sommes venus pour accomplir une formalité ; c'est tout », « Vos conseils, c'est du "pipeau" ».

Cette attitude peut signifier que les parents opèrent une mise à l'écart de l'adolescent par rapport à des problèmes personnels qu'ils contiennent à peu près : car si le cannabis et son usage ne sont pas jugés dignes d'intérêt par les parents, alors les problèmes de ces derniers ne sauraient apparaître tels pour l'adolescent…

Les éléments d'interprétation que j'ai esquissés à la lueur de ces occurrences, elles-mêmes schématiques, ne sauraient être tenus pour des certitudes. Ils n'ont d'autre prétention que de donner à penser, pas à croire. De fait, les « types » de réactions parentales ne sont pas « en soi » pathologiques ou non. Chaque attitude peut être symptomatique de difficultés psychiques chez le père et la mère. Ce qui compte, c'est que le psychologue perçoive l'existence d'une contradiction, voire d'un clivage – qui peut d'ailleurs s'exprimer par un passage non articulé d'un de ces types d'attitudes à un autre – et qu'il soit en capacité d'en faire part aux intéressés.

Plus la réaction parentale est décalée par rapport à la « gravité » réelle de la situation, plus le clinicien peut faire l'hypothèse d'une manifestation de difficultés psychiques propres au père ou / et à la mère, dont il lui faut prendre la mesure même si le cadre de la rencontre ne se prête guère à un approfondissement. Je sensibilise alors ces personnes au fait que les aléas de leur histoire de vie semblent influencer le regard qu'elles portent sur le comportement de leur adolescent et je peux être amené à leur conseiller d'effectuer une démarche psychothérapique, individuelle, en couple ou – surtout – en famille.

Les prises en charge psychologiques existantes

Plusieurs options sont possibles. Si l'adolescent n'est pas psychologiquement dépendant du cannabis, des entretiens de « guidance » lui seront proposés. Lors de ces rencontres, le jeune verbalise ce qu'il ressent auprès d'un adulte extérieur à sa famille (pour ne pas envenimer ses rapports avec celle-ci). Des entretiens du même type sont proposés aux parents, afin de les aider à mettre en place des mesures éducatives fermes et nuancées et d'en évaluer régulièrement la portée. Par contre, si l'adolescent est « accro » au cannabis ou / et si le malaise de ses parents face à cette consommation semble s'ancrer dans des événements mal « digérés » de leur propre histoire, une psychothérapie – individuelle ou / et familiale – est nécessaire. Je présenterai dans le dernier chapitre de cet essai les lieux institutionnels où ces différentes prises en charge sont mises en œuvre.

Insistons sur le fait que, dans tous les cas, il s'agit pour les professionnels de l'aide aux jeunes qui fument des « joints » et à leur entourage d'aider les parents à être des passeurs pour l'adolescent et pas seulement des censeurs.

CHAPITRE II

Usages de cannabis

PENSER QUE L'USAGE DE CANNABIS est soit un simple moyen pour faire la fête, soit la première étape d'un chemin catastrophique qui conduirait systématiquement à la toxicomanie ne correspond pas à la réalité des consommations – nettement plus diversifiées – de ce produit. Il est vrai qu'un grand nombre de jeunes (et d'adultes d'ailleurs) fume des « joints » pour se détendre et rire entre amis. Il est tout aussi exact que quelques adolescents – très mal dans leur peau – sont psychologiquement dépendants du cannabis, qu'ils utilisent dès lors pour « ne plus souffrir ». Mais ces deux cas de figure ne recouvrent pas la totalité des usages de cannabis. Deux autres situations doivent être prises en compte :

– Le fait (plutôt rassurant) que beaucoup de jeunes (ainsi que d'adultes) fument une seule fois, pour « essayer ».

– Le fait (qui appelle par contre notre vigilance) que de nombreux adolescents – ni simples « fêtards » ni « accros » au produit – consomment quotidiennement du cannabis, tout en pouvant assez facilement « arrêter ». Si ces jeunes ne sont pas toxicomanes, la fréquence de leur consommation les expose en revanche fortement aux différents risques attachés aux effets du produit lui-même et aux circonstances de son utilisation.

Les métaphores du nageur et de la bouée

La diversité des rôles que les adolescents peuvent faire jouer au cannabis est étroitement liée à leurs besoins psychologiques d'autonomie et d'attachement. Les métaphores du nageur et de la bouée sont particulièrement éclairantes en la matière.

Le jeune qui essaye de fumer un « joint » puis s'en détourne fait penser à un nageur à qui l'on propose une bouée pour améliorer sa natation et qui s'aperçoit qu'il n'en a nullement besoin, voire que ses mouvements s'en trouvent limités ou rendus gauches.

L'adolescent qui consomme du cannabis lorsqu'il fait la fête, et seulement à cette occasion, est lui comparable à un bon nageur qui ne répugne pas à soulager ponctuellement son effort en revêtant une bouée.

Pour poursuivre la métaphore, le jeune qui consomme régulièrement du cannabis ressemble à un individu qui sait nager sans bouée mais qui tend à se crisper, à se fatiguer et à s'énerver, de sorte qu'il a du mal à tenir la distance. Pour éviter cela, il vêt assez souvent une bouée, même lorsqu'il n'en a pas forcément ou pas encore besoin. Cette protection lui évite de boire la tasse sous l'effet de l'épuisement ou de la panique.

Enfin, l'adolescent qui fume du cannabis de manière addictive – c'est-à-dire soumis à la loi d'airain du « c'est plus fort que moi » – s'apparente à un individu qui sait très mal ou ne sait pas nager. Sans bouée, il serait exposé à la noyade. C'est pour cela qu'il s'y accroche comme vitalement. Dans certains cas, c'est la peur de se noyer qui fonde l'attachement toxicomaniaque, peur qui n'évite certes pas le danger.

L'usage expérimental

Dans quelques années, les adolescents et les jeunes adultes à qui l'on n'a jamais proposé de fumer du cannabis constitueront vraisemblablement une espèce éteinte. Que l'on s'en désole ou que l'on s'en réjouisse, le fait est que l'accès initial au produit est devenu on ne peut plus facile et déculpabilisant. Un meilleur copain, un voisin, un camarade de sport, parfois un animateur ou un « pion »... N'importe quel jeune peut tendre un « joint » à un autre jeune pour qu'il voie « ce que ça fait ». De plus, avec le téléphone portable, un petit *dealer* de quartier peut livrer du cannabis dans l'heure ! Comme l'écrivait Virgile, « il est facile de descendre dans l'Averne », c'est-à-dire de se rendre dans le monde des morts. Cette affirmation sous-entend que la remontée des « enfers » n'est, elle, pas aussi aisée. Ce vers de l'auteur de l'*Enéide* peut servir de métaphore aux situations où le fumeur de cannabis peine, voire est incapable de se défaire de son appétence pour le produit.

Mais réservons l'abord de ces consommations problématiques pour plus tard et examinons en premier lieu les situations, heureusement nombreuses, où un individu se borne à consommer une seule fois du cannabis.

L'expérience sans suite de Florian

Âgé de quinze ans, cet adolescent consulte avec ses parents, qui l'ont vu rentrer les « yeux rouges » de chez un ami et l'ont pressé de questions jusqu'à ce qu'il admette qu'il venait de fumer un « joint ». Il se défend avec hargne, affirmant qu'il s'agissait de faire une expérience : « Presque tout le monde fume au "bahut". J'ai voulu essayer à mon tour. Il n'y a pas de quoi en faire en drame. » Son père objecte : « Qu'est-ce qui nous garantit que tu ne recommenceras pas ? » Florian argumente posément : « C'est très simple, j'ai trouvé ça nul. Plus exactement, je n'ai rien ressenti, à part un mal de tête et une envie de vomir au bout d'une demi-heure. Le cannabis permet à certains de mes copains de rire et de se détendre, tant mieux pour eux. Moi, je sais que ce n'est pas mon truc. Et je n'ai pas envie de "claquer" quinze euros pour une barrette alors que ça m'a rendu malade. De toute façon, je ne fume pas de tabac. J'ai dû me forcer pour avaler la fumée et j'ai craché mes poumons. » Je demande à l'adolescent : « Comment fais-tu pour te détendre et t'amuser ? » Sa réponse est désespérément saine : « Je lis et je raconte des blagues. Je drague. J'écris des poèmes aux filles qui me plaisent et je suis heureux quand elles rougissent. Je pratique plusieurs sports. J'aime les sensations que j'éprouve en marchant dans la forêt. Je n'ai absolument pas besoin d'être "à côté de mes pompes" pour me sentir bien. » Vexé par leur suspicion, Florian lâche ensuite à ses parents : « Fouillez dans mes affaires si vous croyez que je fume des "pétards". Je vous montrerai aussi des tickets de caisse et vous verrez que je n'achète rien de louche avec mon argent de poche. Vous perdrez votre temps, mais s'il faut ça pour que vous arrêtiez de me mettre la pression, allez-y ! »

J'ai reçu une seconde fois cet adolescent et ses parents. Je leur ai expliqué que Florian disposait de bons garde-fous psychologiques et qu'il poursuivrait très certainement son adolescence en se basant sur des repères sensoriels et relationnels « naturels », non toxiques. Après quelques hésitations, le père et la mère de ce jeune ont accepté de lui accorder foi concernant le fait que sa fumette de cannabis n'avait représenté qu'une expérience sans suite et ont décidé de tourner la page, tout en restant disponibles pour parler avec lui des « drogues » en général.

Florian a connu le « joint » par un copain. Or, le cannabis est à présent si répandu et son inscription dans la culture adolescente si puissante et si achevée que l'initiation au produit, avec ou sans suite, s'amorce également hors proposition. Ainsi, Aquatias, Khedim, Murard et Guenfoud (1997) insistent sur l'attraction vers le produit que le souci des « grands frères » d'occulter leur consommation exerce sur leurs cadets. Si les grands adolescents et les jeunes adultes qui fument des « joints » rasent les murs, ce n'est pas pour protéger des préadolescents des risques liés au cannabis, mais pour que les « petits » ne rapportent pas à leurs parents ce qu'ils ont vu. Au demeurant peu altruiste, cette stratégie pèche par le fait que ces jeunes ne se dissimulent que vis-à-vis de leurs petits frères et cousins. Remarquant qu'on leur cache quelque chose, ceux-ci découvrent ce qu'il en est lorsqu'ils observent d'autres « ados », avec lesquels ils ne possèdent aucun lien de parenté, confectionner et fumer des « pétards ». Ce jeu de cache-cache aimante vers le cannabis les « minots » – c'est-à-dire les mineurs d'âge – de banlieue, qui d'une part voient des jeunes du même âge que leurs grands frères « tirer des lattes », d'autre part commencent eux-mêmes à « jointer[1] » en dérobant du produit à leurs aînés… sachant que les victimes de ces larcins ne risquent pas de solliciter l'autorité parentale pour obtenir réparation !

Aquatias, Maillard et Zorman (1999) distinguent « le contact » avec le cannabis – qui s'opère en se trouvant avec des consommateurs ou en voyant le produit – et « l'expérimentation ». Florian a fait l'expérience du premier et de la seconde. Il n'a pas renouvelé l'usage. Il est donc étranger à l'« engagement » (*ibid.*). Ce dernier n'est pas uniforme. Le rythme de la consommation et le type de relation avec le cannabis sont variables d'un fumeur de « joints » à l'autre. De plus, ces paramètres sont susceptibles de subir des fluctuations chez un même individu. L'engagement dans l'usage est dit « relatif » (*ibid.*) s'il varie de manière importante et « réel » (*ibid.*) s'il varie faiblement ou s'il ne varie qu'en raison de circonstances indépendantes de la volonté du fumeur, telle que l'absence momentanée ou durable du cannabis si le

1. Ce néologisme (?) astucieux est proposé par mon collègue Yves Casu, éducateur spécialisé.

vendeur est en congé ou sous les verrous. Le premier cas de figure fait penser aux usages occasionnels et le second aux usages problématiques, c'est-à-dire soit réguliers soit toxicomaniaques.

L'usage occasionnel

« Je fais la fête, donc je fume des “joints”. » Cette affirmation pourrait définir l'usage occasionnel de cannabis. L'individu entretient ici un rapport chronologiquement compris entre quelques semaines et plusieurs années avec le produit et il n'en consomme que dans le cadre précis de l'espace-temps festif. Certes, certains *shitmen* font si souvent la fête – par exemple toutes les nuits en période de vacances –, que leur usage de « pétards » est alors plus régulier qu'occasionnel. Sacha, un patient lassé de ce type de bacchanale continue, m'a confié : « La “teuf” tous les soirs, c'est n'importe quoi. On a l'impression absurde de célébrer les “joyeux non anniversaires” comme le font deux personnages loufoques dans *Alice au pays des merveilles.* »

En dépit de la fréquence très variable des moments festifs où du cannabis est consommé, un point commun insiste, à savoir que l'usage occasionnel est rigoureusement circonscrit au contexte de la fête. Il n'intervient jamais de manière solitaire, au travail ou chez soi. On entrevoit que cette consommation est indissociable de son caractère groupal.

Pour Reynald, pas de « teuf » sans « bédo[2] »

Ce jeune homme, âgé de vingt ans, raconte : « Tout seul, fumer serait tristounet. Le “joint”, c'est pour mieux s'éclater

2. Forme en verlan (inversion approximative des syllabes d'un mot) de « daube ». Ce terme désigne ici une cigarette où du cannabis a été incorporé à du tabac. « Bédo » est donc un synonyme de « joint ».

avec les copains, et même avec des gens qu'on ne connaît pas si on sent qu'on peut leur faire confiance. Plus besoin d'avoir un sujet de conversation. Tout devient risible, n'importe quelle parole, n'importe quel objet, même les voitures qui passent ou la lune. Je me lâche dix fois plus que si je ne prenais rien. En plus, quand tout le monde est bien "cassé", personne ne songe à se "mettre la honte". Il n'y a plus de limites dans ce qu'on peut dire. C'est tellement "sympa" de pouvoir "déconner" à plein tube. Je sais que certains fument aussi pendant la semaine, mais c'est leur problème. Moi, hors de question que ça déborde dans le boulot. D'ailleurs, j'évite de faire la "teuf" le dimanche soir, pour ne pas avoir un équivalent de "gueule de bois" le lundi matin. Je mise tout sur le vendredi et le samedi soir et je récupère le dimanche. »

Quand je rencontre ce type de consommateur de cannabis, je résiste fermement à son souhait d'être reçu en petit groupe, avec ses copains. Si plusieurs patients se présentent en même temps, je ne me laisse pas mettre devant le fait accompli. Là encore, j'insiste sur la nécessité d'entretiens individuels, quitte à les voir ensuite ensemble pour qu'ils confrontent ce qu'ils ont dit et entendu lors de nos rencontres duelles. Ce choix technique se base sur le fait qu'un fumeur de cannabis n'exprime pas du tout la même chose concernant son expérience selon qu'il se trouve seul ou avec ses copains[3]. En présence des « potes », chacun se retranche derrière le caractère purement récréatif de sa consommation et évite, souvent en me « gavant » de considérations banalisantes – « On se marre davantage et c'est tout » –

3. Inversement, comme l'expliquent Vidit, Balzani et Ribot-Kainz (2002), lorsque les thérapeutes sont à l'initiative de la composition d'un groupe de jeunes, un engagement subjectif de chacun peut avoir lieu. C'est ce qui se passe dans le sociodrame, thérapie groupale où les participants « jouent pour penser » des scènes imaginaires ou / et vécues.

ou en déplaçant le débat vers une dépénalisation ou une légalisation revendiquée de l'usage de cannabis, de s'interroger sur sa relation singulière, subjective au produit.

En effet, si la plupart des fumeurs récréatifs de « pétards » n'obéissent qu'à des motivations ludiques, d'autres se fondent aussi dans le cadre de la fête pour y noyer un certain mal-être, qui se traduit par une poursuite et, parfois, une amplification de la consommation en dehors de ce cadre. En se plaçant sur la même longueur d'onde que les autres fêtards, ces individus échappent pendant quelques heures à leur malaise psychologique. Ce mal-être est tenu à distance par les effets euphorisants du produit, qui « adoucissent » également la conviction torturante d'être la seule personne du groupe à avoir une consommation problématique. À l'instar des buveurs excessifs qui sont rejetés par leurs compagnons de table lorsque le caractère compulsif de leur consommation d'alcool est éventé, les « mauvais fumeurs » craignent d'être exclus de leur groupe. J'explique à ces jeunes que rien ne garantit que leurs copains ne soient pas dans la même situation qu'eux et que, dans ces conditions, il serait préférable de se risquer à dire « Je ne suis pas toujours bien dans ma peau et cela déteint sur ce que le "joint" représente pour moi » que de se cantonner à des relations superficielles. Si le cercle de copains réagit alors par la négative, c'est qu'il n'avait aucune estime ou amitié pour celui qui a fait aveu de difficultés psychologiques.

Enfin, que le fumeur occasionnel soit un fêtard « pur jus » ou un individu en souffrance qui dissimule avec gêne une consommation tous azimuts, je l'invite dans tous les cas à réfléchir sur le rôle que les soirées fumettes jouent vis-à-vis de sa capacité à penser, ressentir et communiquer, surtout si mon interlocuteur est un adolescent. Certes, la parole et l'humour viennent plus facilement, mais qu'en reste-t-il au petit matin ? Le cannabis a-t-il vraiment fait agrégat ? Les liens d'amitié se tissent au gré d'expériences satisfaisantes dont l'on peut se souvenir et parler pour les renouveler et les perfectionner. Ce ciment existe-t-il lorsqu'une substance psychoactive amène chacun à réagir avant tout en fonction de l'« illusion groupale » – décrite par Kaes (1976) et ici sécrétée par les effets du cannabis – au détriment de ce qui l'entoure réellement ? Lorsque l'on est « dans le gaz », la parole et les sensations reçoivent-elles une inscription psychique ? L'effet sédatif du produit n'entretient-il pas plutôt un phénomène de « foule solitaire » où le contact avec l'autre est chimériquement établi ?

Entendons-nous bien. Il ne s'agit pas de mépriser le patient en l'accusant de passer des soirées « débiles » et en lui enjoignant de cesser de se comporter comme un « bouffon », mais de l'inciter à réfléchir au sujet de ce qu'il recherche et de ce qu'il trouve effectivement dans ce cadre, au regard de son « projet de vie » actuel.

L'usage régulier

La plupart des adolescents qui fument quotidiennement des « joints » peuvent assez facilement y renoncer sans redouter d'être submergés par une souffrance psychique que le produit camouflait plus ou moins. Il n'en demeure pas moins que ces jeunes ne sauraient être tenus pour des « fêtards » ou des « provocateurs ». Chez eux, le mal-être inhérent à la crise d'adolescence est accentué. Les enjeux d'autonomie et d'attachement psychiques normalement conflictuels à cet âge donnent ici lieu à d'intenses « tempêtes sous le crâne ».

Dans ce contexte, la consommation régulière de cannabis peut avoir plusieurs significations, parmi lesquelles :

– Un procédé auto-calmant qui facilite la gestion d'une agressivité à fleur de peau. On songe ici au rôle de Sorgenbrecher – « briseur de soucis » – que Freud (1929) prêtait génériquement aux produits stupéfiants.

– Une façon d'essayer d'atténuer la douleur due à une expérience récente de deuil. Pouilloux (2004) présente ainsi l'observation de Loris, un adolescent qui fumait un « joint » avant de dormir depuis le suicide de son père. Âgé de treize ans au moment du drame, ce jeune n'a pu en parler à ses camarades que de nombreuses années plus tard. Entre temps, il était devenu capable de faire face aux traces de son traumatisme psychique autrement qu'en recourant régulièrement au cannabis.

> « La mort de Vincent nous a amputés d'une partie de nos vies et d'un certain nombre de sentiments essentiels. Elle a profondément modifié le visage de ma mère au point de lui donner en quelques mois les traits d'une inconnue. [...] La disparition de Vincent a aussi paralysé tous ses gestes de tendresse. Jusque-là si affectueuse, ma mère s'est transformée en une sorte de marâtre indifférente et distante. Mon père, autrefois si disert, si enjoué, s'est muré dans la tristesse, le silence, et nos repas, jadis exubérants, ont ressemblé à des dîners de gisants[4]. »
>
> Jean-Paul Dubois, *Une vie française*

– Un moyen pour accentuer la délimitation d'un espace à soi, d'une « bulle » où l'on cultive ses pensées et ses sensations à bonne distance des proches, en premier lieu les parents. Cette stratégie fait penser à un aphorisme touchant de Kafka (1924) : « Quelle joie prendre au monde, si ne n'est y trouver refuge ? »

– Le contournement d'une certaine gêne à se confier à d'autres jeunes, par exemple en matière de sexualité. Celle-ci peut même être évitée pendant un certain temps, si le sujet endort son désir en misant sur l'action sédative du produit et s'il se procure des sensations agréables (et compensatrices) en misant sur l'action euphorisante du produit.

4. Note de l'auteur : cet ouvrage n'a pas de lien avec le cannabis.

On rapprochera respectivement ces deux dernières occurrences de la fréquence du recours adolescent aux mécanismes de défense (spécifiques de cet âge) que sont l'intellectualisation et l'ascétisme, comme l'a décrit Anna Freud (1936).

« Pétards », sexe et sommeil pour Corinne

Cette jeune femme, âgée de vingt ans, fume chaque jour un « joint » avant de s'endormir. Elle consulte parce qu'elle redoute de devenir dépendante au cannabis, d'autant plus que sa famille compte plusieurs malades alcooliques et un héroïnomane, et parce qu'elle entrevoit que ce produit joue un rôle non anodin dans sa sexualité. Cette jeune fleuriste est capable de s'arrêter de fumer mais, précise-t-elle, « c'est quand même mieux avec ». Corinne a un petit ami depuis deux ans. Elle qualifie leurs relations sexuelles de « potables ». Comme je lui demande « sans plus ? », elle murmure puis se lance : « Sans le "pétard", c'est un peu compliqué. J'ai toujours eu peur de faire l'amour. Au moment de mes premières règles, ma mère et ma grand-mère m'ont dit que les hommes étaient fourbes, la jouissance sexuelle illusoire[5] et l'expérience de la maternité pénible, voire mutilante. Ces descriptions sinistres m'ont marquée. Je peux passer outre quand je suis avec mon ami, mais je me rends compte que j'ai besoin d'un "plus". En fumant du cannabis le soir, je gagne sur tous les tableaux. Lorsque je n'ai pas de rapports sexuels, ça coupe court aux ruminations dont je suis coutumière, et lorsque j'en ai, ça m'aide à me détendre pour accueillir le sexe de mon ami et parvenir à l'orgasme. Je me suis aperçue de tout ça l'été dernier. Nous étions en vacances et j'avais décidé de faire une pause côté "joints". Qu'importe si je ne fumais pas de cannabis

5. Cf. la chansonnette : « Plaisir d'amour ne dure qu'un soir. Chagrin d'amour dure toute la vie ».

puisque je ne devais pas me lever pour aller travailler. J'ai donc supporté sans problèmes de ne pas avoir envie de dormir avant une ou deux heures du matin, d'autant plus que le village et la plage sont loin d'être déserts pendant les nuits d'été. Par contre, quand mon ami m'a pénétrée, j'ai eu très mal. Il s'est interrompu puis je me suis énervée après lui. Je l'ai traité de "brute" et j'ai refusé ses câlins et ses paroles apaisantes. On en a reparlé le lendemain et je me suis aperçue que l'absence de cannabis m'avait empêchée de me laisser aller comme d'habitude. C'est comme si le produit me servait de "préservatif mental". Je me demande maintenant si je suis sexuellement "normale" et je songe à faire une psychothérapie. »

L'usage addictif

Le grand public mais aussi les professionnels de l'aide aux usagers de drogues ont pendant longtemps cru qu'il n'existait pas de toxicomanie au cannabis. Le fait que ce produit ne génère pas de dépendance physique[6] a éminemment concouru à alimenter cette représentation. Même (surtout ?) cliniques, les faits insistent cependant. Certes très minoritaires, certains fumeurs de « joints » sont dans l'impossibilité de maîtriser leur consom-

6. Les cartes sont toutefois brouillées, comme le souligne Eric Birambo (2003), par le fait que le tabac, qui entre obligatoirement dans la confection du « joint », est clairement addictogène sur le plan physiologique : « de nombreux consommateurs de cannabis, souvent jeunes et qui, parfois, ne fument pas de cigarettes sont, sans même le savoir, dépendants du tabac. Certaines surconsommations de cannabis – notamment pour ceux qui ne fument pas de cigarettes seules – sont en fait destinées à combler le manque de nicotine. [...] il y a donc, pour certains, bel et bien dépendance physique, mais elle est due au "produit d'accompagnement" et non au cannabis lui-même ». Cette observation est judicieuse, à condition de ne pas jeter le bébé avec l'eau du bain. Il faut garder en esprit que le cannabis – mélangé avec du tabac ou non (par exemple sous la forme de *space cakes*) – peut être consommé de manière toxicomaniaque.

mation. Ils perçoivent clairement – surtout s'il s'agit de jeunes adultes – que l'envie « d'en prendre » balaye celle d'arrêter et sentent parfois qu'il existe un lien de cause à effet, voire sont capables de l'établir consciemment (ce lien n'a bien sûr pas force de vérité intangible, mais il fournit à l'intéressé et au clinicien une indispensable base de travail psychothérapique), entre le caractère franchement problématique de leurs « fumettes » et leur difficulté à exister psychiquement, leur « mal-être ». Si elle est observable chez certains adolescents, la toxicomanie au cannabis[7] est majoritairement le fait de consommateurs adultes. J'expliquerai plus loin que ces sujets prennent notamment conscience de leur addiction lorsqu'ils tentent de remettre en question ce qu'ils considéraient jusqu'alors comme une « habitude », parfois installée depuis quinze ou vingt ans…

À l'instar des personnes toxicomanes à d'autres substances psychoactives, le sujet « addicté » au cannabis recherche un état de « défonce ». Si une consommation intense de « joints » bien « chargés » procure cette modification de l'état de conscience, les individus mentalement « accros » au produit inventent des méthodes pour en augmenter les effets. Issue du sport de haut niveau, l'hyperventilation en est une. Mais c'est le « bang », version actuelle et souvent plus petite de la traditionnelle et multiséculaire pipe à eau orientale[8], qui se taille la part du lion parmi ces nouvelles techniques. Ce qui est inquiétant, c'est que l'hyperventilation et le « bang » sont essentiellement le fait d'adolescents. De fait, une étude épidémiologique réalisée par Chabrol, Massot et Montovany (2002) auprès de lycéens toulousains a révélé que si 14,8 % des fumeurs de « joints » sont dans un lien

7. À rapprocher de la définition de l'alcoolisme selon Pierre Fouquet (1951) : « Est alcoolique tout homme ou toute femme qui, en fait, a perdu la liberté de s'abstenir de boire de l'alcool. »
8. Le « bong », dans notre pays victime d'une mutation syllabique dans la bouche de ses jeunes utilisateurs.

de dépendance au cannabis, ce rapport addictif concerne 51 % des usagers de « bang ». Dans une enquête plus récente réalisée auprès de 210 lycéens et collégiens, Chabrol et Roura (2004) ont observé que 40 % des fumeurs de cannabis utilisaient le « bang », qu'ils nomment également « bols », « bolz » ou « bolse ».

Ces élèves préfèrent ce mode de consommation pour plusieurs raisons[9]. Le « bang » est jugé plus simple et rapide que le « joint », dont la confection exige une certaine habileté. De plus, ce procédé n'engendre pas de fumée et ne laisse flotter aucune odeur si l'utilisateur exhale par la fenêtre. Pratique quand les parents s'attardent derrière une porte de chambre bizarrement fermée à clé... Par ailleurs, il n'est pas nécessaire d'acquérir un « matos » rarissime ni d'être un génie du bricolage pour fabriquer une pipe à eau. Il suffit d'assembler une tige métallique creuse, un tube en PVC (ou une bouteille en plastique, voire un bout de tige de bambou), une extrémité de marqueur sectionnée (qui sert de foyer de combustion) et un peu de scotch. En outre, le « bang » nécessite deux fois moins de cannabis – un quart de gramme – que le « joint » – un demi-gramme – pour produire des effets d'intensité comparable, ce qui rend ce procédé nettement moins onéreux. En lien avec ce point et malgré l'existence de symptômes physiques désagréables (toux, sensation d'étouffement, maux de tête, évanouissement quand « on prend une grosse claque ») et de craintes (avoir les poumons et le cerveau « ruinés », le cancer, une crise cardiaque ou encore une mort précoce), la violence des effets procurés par le « bang » consti-

9. Certains utilisateurs de pipe à eau peuvent pallier le caractère encombrant, donc difficile à dissimuler, de cet instrument en fabriquant une collection de plusieurs tailles adaptées aux circonstances, par exemple la cour de récréation. Un de mes patients compara crânement la gamme de « bangs » qu'il avait façonnée à la batterie de casseroles soigneusement astiquée qui ornait un des murs de la cuisine de sa grand-mère...

tue la principale motivation à consommer du cannabis de cette façon. À cet effet, l'eau de la pipe est quelquefois remplacée par de l'alcool et de nombreux jeunes se lancent des défis pour réussir à « tirer la douille » en une seule « taffe », au risque de perdre connaissance. Comparable au « jeu du foulard » et à la « cuite nordique » aux alcools forts, cette pratique est au nombre des prises de risques excessivement dangereuses à l'adolescence.

Chabrol et Roura (*ibid.*) redoutent que le « bang » – qui semble à présent utilisé par un tiers au moins des adolescents qui fument du cannabis et dont l'usage connaît une expansion rapide – détrône le « joint » parmi les modes de consommation de ce produit. Ces cliniciens souhaitent donc que les interventions de prévention intègrent la réalité de ce phénomène – en s'appuyant sur des propos de consommateurs pour être efficaces et crédibles – et que « les médecins informés de la consommation de cannabis de leurs clients s'enquièrent des modes de consommation et, en cas d'utilisation du bong, initient un dialogue sur ses effets, ses risques et ses relations avec un état de dépendance » (*ibid.*).

Bruno, entre fiascos amoureux et dépendance au cannabis

Ce jeune homme, âgé de vingt-six ans, vendeur dans un magasin de bricolage, vient me voir de la part de son médecin de famille, à qui il vient de confier qu'il n'arrive plus à « arrêter le cannabis ». Il fume entre cinq et dix « joints » par jour, avant, pendant et après son travail. Sortant chaque week-end, il participe à toutes les soirées « techno » de la région et passe alors à la vitesse supérieure, en utilisant un « bang ». Bruno consacre nos premiers entretiens au récit de sa vie professionnelle. Grand, mince, mobile et souriant, il a un excellent contact avec la clientèle, mais il perd ses moyens quand il s'agit de faire valoir ses qualités, en demandant une augmentation de salaire ou une promotion, auprès de son employeur. Il aborde sa vie sentimentale. Là encore, il rencontre des difficultés. Ce beau garçon entre facilement en contact avec des jeunes femmes. Le *hic* est qu'il est bloqué au moment de concrétiser. La dernière fois, une séduisante décoratrice l'a invité chez elle et, après un dîner aux chandelles, a passé une robe de chambre « suggestive » puis s'est presque collée contre lui sur le canapé. Tétanisé – « sauf là où il fallait », me fait-il remarquer avec une pointe d'humour triste – et confus, il a prétexté l'heure tardive pour prendre congé sur-le-champ. Bruno s'arrange compulsivement pour ne pas revoir les jeunes femmes ainsi disposées à lui accorder leurs faveurs. Il se persuade qu'elles ne veulent plus entendre parler de lui et il ne les recontacte pas. Chaque fiasco de ce type entraîne une forte augmentation de sa consommation de cannabis, tout comme certains individus noient leur chagrin dans l'alcool… Il y a deux ans, à la suite d'une rupture sentimentale avec une demoiselle qu'il jugeait étouffante – « Elle était tout le temps sur mon dos. Je n'en faisais jamais assez selon elle » –, il a dû retourner chez ses parents. Il est alors tombé de Charybde en Scylla ! En effet, sa mère le traite toujours comme un « gamin ». Elle le pourchasse de recommandations ennuyeuses et pénètre intempestivement dans sa chambre, qu'il a équipée d'une serrure malgré ses cris d'orfraie ! Son père est bourru et peu communicatif. Cet homme dirige une entreprise de pompes funèbres. Bruno me rapporte qu'enfant il était terrorisé par les cercueils entassés dans la cave de la maison, qui sert d'atelier de menuiserie. Il craignait d'être mis vivant dans une des « boîtes » puis enterré. Nullement rassurants, ses parents riaient de cette phobie et se plaisaient même à l'entretenir en lui racontant d'horribles histoires de morts qui agrippent les enfants non obéissants vis-à-vis de leurs parents et les emportent dans leur monde… Lorsqu'il n'était pas « sage », en plus de coups de martinet reçus, il était menacé de passer une nuit – en compagnie des « fantômes » – dans un cercueil[10]... La boucle de l'horreur potentielle était ainsi bouclée.

L'attitude parentale actuelle entretient elle aussi l'addiction au cannabis de l'intéressé, au moins dans la mesure où le produit émousse les velléités d'agressivité impulsive de Bruno à l'égard de ses parents et l'aident à déployer un espace mental où les ordres et questions de sa mère lui parviennent de manière assourdie. Être « accro » aux « pétards » et au « bang » permet à ce jeune adulte de gommer son tiraillement, en l'état insoluble, entre d'un côté son attachement à des images parentales délétères, dont il est de surcroît financièrement dépendant (au moins parce que sa consommation intensive de cannabis lui revient très cher) bien qu'il travaille à temps complet, de l'autre d'importantes hésitations sexuelles. Se dessine une conjoncture psychique où le désir de s'allonger avec une femme est télescopé par la peur infantile mais persistante d'être enterré vif puis tourmenté par les morts...

La psychothérapie de Bruno se poursuit actuellement, scandée par des moments de grand découragement où il fait un usage « paroxystique » du produit et « oublie » (fait-il alors « le mort » ?) de venir me voir.

10. Heureusement pour Bruno, ce sévice morbide n'a jamais été mis à exécution. De l'emprise psychique, consciente ou inconsciente, de quels aïeux ce père et cette mère tentaient-ils peut-être de se dégager au moyen de leur sadisme éducatif ? Je pose cette question en pensant aux mots d'André Breton : « Ce sont les mots qu'ils n'ont pas dit qui font les morts si lourds dans leurs cercueils. »

CHAPITRE III

Cannabis et vie quotidienne

UNE CONSOMMATION DE CANNABIS, surtout lorsqu'elle est soutenue, peut avoir des répercussions négatives sur différents plans de la vie quotidienne : la scolarité, la conduite d'un véhicule et l'activité professionnelle. Ces réalités ne sont souvent connues que de manière (volontairement ?) approximative. Elles méritent donc d'être examinées dans toute leur variété et, donc, dans leur complexité.

Cannabis et travail scolaire

Quelle que soit la fréquence d'utilisation de cannabis, ce produit tend à altérer la mémoire et l'attention, ainsi que la vigilance, augmentant par là même le risque d'accident chez les élèves de lycée technique et les apprentis qui manient des machines. Ces effets sédatifs du produit ne sont guère recherchés par les adolescents, plutôt friands des propriétés myorelaxantes (comparables à l'action exercée par les benzodiazépines ou « calmants ») et euphorisantes (comparables à l'ébriété procurée par l'alcool, l'agressivité – « le vin mauvais » – et l'image culturelle péjorative – « le gros rouge qui tache, fait vomir et dire des bêtises et qui clochardise » – en moins) du cannabis. Le problème est que l'action sédative des « joints » n'est pas toujours, loin s'en faut, reconnue et critiquée par leurs jeunes utilisateurs.

Chez un consommateur festif, les difficultés scolaires à apprendre et à mémoriser prennent la forme de passagères « gueules de bois » cannabiques. Souvent, l'intéressé s'arrange pour ne pas fumer en période d'examens. Les difficultés scolaires deviennent par contre sérieuses en cas de consommation régulière. S'installe alors un état d'apathie repéré par Gaskill dans les années 1940 sous le nom de « syndrome amotivationnel » et que Richard et Senon (1996) décrivent comme « un désinvestissement existentiel avec déficit mnésique, émoussement affectif et intellectuel. Ce syndrome concerne essentiellement l'adolescent, que l'on verra constamment replié sur lui-même et sur son songe intérieur, d'humeur changeante, morose, souvent marginalisé ». Dans la plupart des cas, le consommateur régulier de cannabis ne renonce pas à se rendre à l'école. Le problème est qu'au bout de plusieurs mois il se contente d'y faire acte de présence et « plane ». Moins chahuteur que d'autres en raison de sa somnolence, c'est souvent à l'occasion des résultats scolaires trimestriels – calamiteux dans son cas – que cet élève attire l'attention de ses enseignants et de ses parents.

Ce phénomène est à l'origine d'un nombre croissant de redoublements, dont l'acmé semble se produire en classes de troisième et de seconde, moments cruciaux en terme d'orientation. La plupart des adolescents parviennent ensuite à se ressaisir – en partie sous pression parentale (par exemple « ou bien tu mets un coup de collier ou bien tu cherches du travail et tu quittes la maison le jour de tes dix-huit ans ») – et réussissent à éviter un second redoublement, qui peut d'ailleurs être refusé par le chef d'établissement.

Les fumeurs de « joints » au quotidien qui se lancent dans les filières scientifiques sont particulièrement exposés à une « dégringolade » de leurs résultats scolaires, car les matières enseignées laissent très peu de place à « l'à-peu-près » intellectuel. Ce phénomène n'épargne pas les élèves ou les étudiants les plus doués. Je rencontre des lycéens de bon niveau et des étudiants en classes de « prépa »[1] aux concours des grandes écoles qui consomment de temps à autre du cannabis afin de faire baisser, après chaque examen et avec une certaine efficacité, la pression scolaire qu'ils se mettent et, surtout, qu'on – c'est-à-dire les professeurs et les parents – leur met sur les épaules[2]. Ces jeunes édifient de manière utilitaire et ponctuelle une ligne de défense anti-stress, en l'absence de tout mal-être personnel préexistant et insistant. La question est alors de savoir si, pour ces adolescents doués, le « remède » ne risque pas d'être plus préjudiciable que « l'agent stresseur ».

Myriam « a mis le turbo » pour rester dans la course au bac

Lycéenne en Terminale, Myriam vient me voir à la demande quelque peu impérieuse de ses parents, qui l'accompagnent pour le premier entretien. Jusqu'à présent, cette adolescente avait des résultats scolaires corrects, dus au fait qu'elle travaillait régulièrement. Hors, depuis la rentrée de septembre, il y a visiblement du laisser-aller. La mère de la jeune fille a remarqué qu'elle remettait de plus en plus au dernier moment les devoirs à effectuer à la maison, alors qu'elle planifiait auparavant ce type d'exercice : un peu chaque jour, ce qui lui permettait de réviser dans le même mouvement. Par ailleurs, à deux reprises, cette femme a trouvé Myriam en train de somnoler sur sa table de travail, avec ses livres et ses cahiers en guise d'oreiller ! Interrogée sur ce changement de stratégie d'apprentissage et sur ses assoupissements, l'adolescente a répondu en tremblant de colère à ses parents : « Ce ne sont pas vos oignons. Je n'ai jamais posé de problèmes à l'école, contrairement à mes deux frères. Alors, je m'organise comme je

1. Que Chauvin (1976) qualifia à juste titre, me semble-t-il, de « forceries intellectuelles démentes qu'on aurait dû fermer depuis longtemps ».
2. Ce point a été récemment approfondi par Muriel Lascaux (2005).

veux. Vous n'avez pas à interférer là-dedans. La manière dont je "bosse", c'est mon choix. En tout cas, ça me réussit. Et si je dors plus qu'avant, c'est parce que j'ai beaucoup de travail. » Père et mère sont restés bouche bée devant cette argumentation agressive et un peu rapide : « On ne reconnaît plus notre fille. Que se passe-t-il ? On ne peut pas attribuer cela à la puberté. Elle n'a plus treize ou quatorze ans. C'est un peu tard pour piquer une crise d'ado. » Le père de Myriam précise : « Il y a un mois, j'ai remarqué qu'elle fermait à clé sa chambre lorsqu'elle s'y trouvait et ça m'a mis la puce à l'oreille. Nos relations étaient jusqu'alors basées sur la confiance et le respect. Ma femme et moi frappons toujours à sa porte et attendons sa réponse avant, si elle le veut bien, d'entrer. C'est son espace personnel et nous n'avons rien à y redire. Souhaitait-elle nous cacher quelque chose de répréhensible ? Samedi dernier, des odeurs épicées nous ont fourni la réponse : notre fille fumait du cannabis. Séance tenante, nous avons eu une discussion sérieuse avec elle. Myriam est suffisamment franche et intelligente pour savoir qu'on peut se fourvoyer en s'obstinant à mentir. Les faits étaient trop patents pour être niés et elle les a reconnus, mais pour en banaliser aussitôt les effets. »

Jusqu'ici silencieuse, l'adolescente me prend vivement à témoin : « Ouvrez grandes vos oreilles. Ils vont entonner le couplet ringard du cannabis qui rend feignant en classe. » Une fois la tension un peu retombée, Myriam a précisé qu'elle fumait des « joints » depuis six mois, qu'elle y avait été initiée par deux copines et que cette pratique avait eu pour cadre initial un endroit boisé peu éloigné et suffisamment touffu pour ne pas être surpris. L'automne avançant, ces « fumettes » au grand air étaient devenues moins confortables au niveau météo. En attendant que le printemps revienne, le trio s'est résolu à prendre le risque de fumer du cannabis à domicile, solitairement ou ensemble selon les circonstances. L'adolescente reconnaît que, depuis ce changement de cadre, sa consommation a augmenté, pour atteindre ces dernières semaines un à trois joints par jour. Le petit ami – *dealer* de son état – d'une de ses copines l'approvisionne gratuitement, écartant donc tout souci économique. Côté santé, Myriam est plutôt bien dans sa peau, mais elle remet radicalement en question l'image de la jeune fille modèle qu'elle présentait à ses parents et qu'ils agréaient : « À l'école, j'ai fait un sans faute. Dans quelques mois, j'aurais mon bac et j'irai en fac. Alors, j'ai bien le droit de desserrer le carcan. Je ne me sens plus obligée de bûcher tous les jours. Je suis peut-être la seule de ma classe à faire ça. Or il y a une vie en dehors du lycée, j'en prends chaque jour davantage conscience ! Avec le "joint", au moins, je m'autorise à lever le pied et j'entrevois d'autres horizons. »

Les parents de Myriam ont admis son besoin d'assumer ses obligations scolaires de manière moins « robotisée », en y introduisant un peu de discontinuité contrôlée, mais à la stricte condition de choisir un autre moyen que le cannabis pour ce faire. L'interdit parental de détenir et de fumer du *shit* a donc été réaffirmé[3]. Quelques jours plus tard, le bulletin trimestriel de l'adolescente a été sans appel : la moyenne générale des notes s'établissait 7,5 sur 20, contre 12 pour l'ensemble de l'année précédente ! Pris dans le tourbillon de la rentrée, les professeurs de Myriam n'avaient pas pris garde à cette érosion sévère de son travail scolaire. Mais avec trois mois de recul et un conseil de classe, ils ont constaté unanimement que la jeune fille – que la plupart d'entre eux avaient déjà eue comme élève – rêvassait et donnait l'impression de dormir en cours.

Cette réalité a fourni un levier pour la prise en charge de l'adolescente, à qui j'ai alors proposé de la recevoir seule, quitte à faire de temps à autre le point en associant de nouveau ses parents à nos rencontres. En entretien duel, l'adolescente a éclaté en

3. J'ai alors pensé en souriant aux vers de Lawrence Ferlinghetti (1963) : « Il est bon d'avoir l'esprit ouvert, mais pas au point que le cerveau tombe par terre. »

sanglots : « Je ne m'attendais pas à ça. C'est vrai, j'ai remarqué que j'avais un peu de mal pour me concentrer et mémoriser les cours depuis que je fume des “pétards”, mais je pensais avoir de la marge. En fait, c'est la catastrophe. J'ai été incapable de gérer mon emploi du temps. Si je continue comme ça, je vais me “planter” magistralement au bac. Or je ne me vois pas redoubler. J'aurais trop honte et mes parents me “massacreraient”. Il faut que je me ressaisisse. » *Dont acte.*

Entre janvier et juin, des entretiens hebdomadaires de « guidance » psychologique ont aidé Myriam à redresser le cap tout en ne retombant pas dans la contrainte d'un rapport « machinique » à ses cours et devoirs. Non dépendante psychologiquement du cannabis, elle a pu cesser d'en fumer au bout de trois semaines, au prix de quelques difficultés initiales (et somme toute banales) à l'endormissement. La jeune fille a dû modifier ses rapports avec ses deux meilleures amies : l'une a décidé d'arrêter elle aussi les « pétards », mais l'autre – la copine du *dealer* – non[4]. Comment s'amuser, se sentir vivre sans risque de louper des examens cruciaux ? Demeurées en bons termes, les deux abstinentes ont pris l'habitude de réviser leurs leçons ensemble tout en s'accordant des loisirs sportifs et culturels inédits… et en se montrant moins insensibles aux sourires de certains garçons… Chemin faisant, Myriam s'est rendu compte que sa tendance à l'introversion – aspect de sa personnalité que nous avons eu l'occasion de travailler – aurait été sévèrement accentuée par les effets du cannabis, qui lui procuraient certes une sensation de détente lorsqu'elle en fumait seule mais entretenaient simultanément son hésitation à aller vers les autres. Aux second et troisième trimestres scolaires, elle a obtenu des notes

4. Au passage, j'ai demandé à Myriam d'informer l'adolescente qui poursuivait sa consommation qu'elle pouvait rencontrer en toute confidentialité un de mes collègues.

comparables à celles de l'an passé. C'est donc logiquement qu'elle a réussi le bac, avec mention assez bien.

Tous les élèves dont les résultats scolaires sont altérés par une consommation régulière de cannabis ont-ils la réactivité de Myriam ? Hélas, non. Un usage soutenu du produit précipite certains adolescents vers l'échec scolaire. Chez ces jeunes, l'intoxication par les « joints » constitue souvent une solution ratée qu'ils ont fabriquée face à d'authentiques problèmes psychiques (état dépressif, phobies invalidantes, début de maladie mentale, etc.), aggravés par des problèmes environnementaux (maltraitance familiale, séparation ou difficile recomposition au niveau du couple parental, défaillances ou excès dans l'autorité exercée par les adultes ou par les aînés d'une fratrie, acculturation brutale, etc.). Une prise en charge médico-psychologique s'avère alors indispensable.

Emmanuel, échec aux maths

Ce lycéen de dix-sept ans est en Terminale S, la filière des « matheux ». Il consulte de sa propre initiative pour, me dit-il au téléphone, avoir des informations sur les effets du cannabis. Au cours de l'entretien, il m'explique que sa demande de documentation était « bidon ». S'il est venu, c'est parce qu'il est personnellement concerné par la question. Il fume tous les jours deux à trois « joints ». Cet usage régulier a débuté semble-t-il en internat et dure depuis près d'un an. Emmanuel est considéré comme le meilleur élève de son lycée[5]. Pourtant, ses notes « vedettes »

5. Dans cet établissement comme dans bien d'autres, la valeur scolaire est jugée à l'aune des résultats dans les matières « scientifiques ». Pour l'anecdote, le patient m'a raconté que ses condisciples n'adressaient même pas la parole à son meilleur ami, un élève en filière L (littéraire) très doué en français et en langues mais « nul en maths »…

viennent d'accuser une baisse sévère au cours du premier trimestre, puisque ses moyennes en mathématiques et en physique-chimie sont passées de 18 à 11 sur 20. De telles contre-performances ont laissé perplexes ses enseignants. Son professeur principal lui a gentiment demandé s'il « allait bien » ces temps-ci. Choisissant d'être évasif, l'adolescent a répondu qu'il traversait « des hauts et des bas, sans plus », puis a coupé court à la discussion en saluant rapidement l'enseignant – resté bouche bée – et en tournant les talons. Quant à ses parents, ils ont un peu « fait la tête » en voyant son bulletin de notes mais sont demeurés silencieux. Emmanuel précise : « Ils ne sont pas causants. Ma famille, c'est "le monde du silence". Les choses ne sont jamais vraiment dites. » Il reprend, très calmement : « C'est clair que mes "fumettes" ne sont pas étrangères à ma relative dégringolade scolaire, je dis relative parce que j'ai conservé la moyenne dans toutes les matières. Depuis que je fume quotidiennement des "joints", j'ai du mal à écouter en classe, à réviser mes cours et à faire mes devoirs, à la maison comme en classe. Pourtant, c'est curieux mais je n'ai pas du tout envie d'arrêter, même de diminuer les "pétards". Il faut simplement que j'ai le bac et je l'aurai. J'ai de la marge. »

Je suis surpris par le ton détaché, étrangement désinvolte, avec lequel ce jeune vient d'enchaîner – comme s'il était au tableau et qu'il résolvait sans effort une série d'équations – les causes et les effets de sa consommation et je le lui fais remarquer. J'ajoute pour le faire réagir : « Si votre usage de cannabis ne vous empêchera pas d'accéder à l'enseignement supérieur et si vous n'envisagez pas de le modifier, pourquoi vous êtes-vous adressé à moi ? » Emmanuel sursaute et lance, les dents serrées : « Je suis un être humain, pas un ordinateur. Qu'est-ce que ça peut bien f… si je ne suis pas le meilleur ? Je ne veux plus qu'on me casse les pieds avec ma scolarité, que ce soit au lycée ou à l'extérieur. » Cette rebuffade me paraît un peu décalée, mais je comprends que l'adolescent vient d'exprimer un ressentiment qu'il n'est pas arrivé à verbaliser auprès de ses professeurs et de ses parents. J'interviens : « Je ne suis pas là pour juger votre travail scolaire. Je suis simplement frappé parce que vous m'en parlez comme s'il s'agissait d'une autre personne que vous. » Ma remarque le détend : « Vous avez raison. Mais c'est plus général. Je deviens indifférent à tout. »

Je propose alors à Emmanuel de relater les événements saillants de sa vie – y compris « intérieure » – qui ont précédé puis accompagné sa consommation de cannabis. Depuis plus d'un an, ses parents ont secoué leur mutisme coutumier, mais uniquement pour se chamailler sur des questions d'argent : Monsieur reproche à Madame d'être trop dépensière, laquelle reproche à son mari d'être trop avare, et chaque jour qui passe alimente ce cercle vicieux où chacun campe irréductiblement sur ses positions. Où est la vérité ? L'adolescent l'ignore et, au fond, s'en moque[6]. Il constate seulement que ces disputes ont rendu ses parents encore moins disponibles pour lui, d'autant plus qu'en Première, interne, il ne les voyait que le week-end. Cette année, il est revenu à la maison parce que trois de ses copains d'internat ont fait de même. Les quatre jeunes habitent dans le quartier et se voient très souvent. Le petit groupe est cimenté par une consommation soutenue de cannabis. Avant d'entrer à l'internat, jusqu'alors « naturellement » brillant en mathématiques, Emmanuel devint carrément « accro » à cette discipline. Selon lui, tout pouvait être compris et expliqué par cette « science des sciences ». Ses lectures en la matière excédaient largement le programme scolaire. Cette curiosité sans limites lui valait la sympathie de nombreux autres élèves, qui ont découvert grâce à lui qu'on l'on pouvait exceller en « maths »

6. J'ai valorisé au passage sa capacité à ne pas être happé – c'est-à-dire se sentir concerné au point de s'en rendre malade et de vouloir les résoudre – par les querelles de ses parents.

sans être automatiquement « fayot », rigide et condescendant ; en d'autres termes, sans avoir une mentalité de « premier de la classe ». Seule ombre au tableau, l'adolescent n'était pas du tout à l'aise avec les jeunes filles et faisait preuve de gêne quand il était question de sexe dans les conversations. Encouragé par ses copains, qui lui ont présenté une adolescente jolie et peu farouche, il s'est enhardi à avoir un *flirt*. Cette rencontre sensuelle a tourné court au bout de quelques semaines, lorsque la peur a repris le dessus sur le désir. Emmanuel a retrouvé la paix de l'esprit en retournant vers ses chères mathématiques, à ses yeux moins compliquées que les relations amoureuses et, en particulier, les rapports sexuels[7]. Navrés pour lui, ses amis ont alors entrepris de « soigner » de sa timidité en l'initiant au cannabis. Et là, miracle… Les effets relaxants et euphorisants du produit ont permis à l'adolescent de retrouver son désir sexuel et de le concrétiser de manière plus pérenne. Mais c'était trop beau : si Emmanuel a pu investir une relation sentimentale durable, ce fut au double prix d'une chronicisation de sa consommation de « joints » – intensivement partagée par sa petite copine – et, conséquence de cet usage régulier de cannabis, d'un net désinvestissement de son travail scolaire !

Je réalise que la satisfaction sensorielle tirée d'une consommation débridée de « pétards » par cet adolescent s'est en quelque sorte substituée au plaisir « éthéré » qu'il tirait d'une pratique débridée des mathématiques. Si Emmanuel a pu déconstruire

7. De manière comparable, Annie Franck (2002) a présenté l'observation d'un étudiant dont l'investissement des mathématiques – tenues par lui pour « idéales » – impliquait là aussi « l'éviction d'Éros », au profit d'« objets sans chair ». Bien qu'escamotant autrui et le corps au nom de l'exigence surmoïque d'un « toujours plus d'abstraction pure », cette activité de pensée était partageable, arrimant le patient contre l'incommunicabilité psychotique. La psychothérapie de ce jeune homme a révélé qu'il se servait des mathématiques pour édifier « un rempart immobile et hors temporalité contre l'incohérence persécutrice des énoncés maternels » contradictoires, et donc aliénants, auxquels il fut enfant soumis.

cette addiction intellectuelle, c'est parce que les effets du cannabis ont avantageusement pris le relais du rôle anxiolytique qu'il faisait plus ou moins consciemment jouer aux « maths » vis-à-vis de la forte peur que lui inspirait son désir sexuel. Certes, alors que son *hobby* intellectuel maintenait à distance son angoisse sexuelle mais sans l'aider à passer à l'acte, fumer des « bédos » l'a incontestablement désinhibé en la matière tout en lui permettant de continuer à éviter la crainte idoine. Seulement, comme je l'ai alors rappelé à mon jeune patient, déplacer un problème ne signifie pas l'avoir résolu. S'il a besoin de fumer intensivement du cannabis pour avoir une vie sexuelle, la réalité de cette dernière – aux effets de renforcement tout aussi réels de l'estime de soi – ne saurait occulter la persistance d'une angoisse de fond, à laquelle il lui faudra bien faire un jour face autrement que par la magie du « joint ». De plus, son délaissement des mathématiques et sa consommation de cannabis au long cours se sont combinés pour desservir sérieusement sa préparation au bac. L'entretien tire à sa fin. Emmanuel sourit, mais un peu artificiellement : « Vous êtes un as. Vous avez dû tirer plus d'une personne des tourments de l'âme. » Cet énoncé séducteur et factice m'a paru résumer, tout en le dissimulant, un refus sans appel, de remettre en question des aménagements intrapsychiques et intersubjectifs pourtant amenés à toucher leurs limites défensives. De sorte que j'ai entendu dans ce compliment conclusif : « Vous avez vous aussi des capacités cérébrales hors norme. Admirez-moi comme je vous admire. Soyons l'un pour l'autre un miroir intellectuel gratifiant et ne touchons pas à mes supposés problèmes psychologiques. Nos conversations méritent mieux que cela. » Comme je m'y attendais un peu, l'adolescent n'a pas souhaité reprendre rendez-vous. Je lui ai dit que je restais disponible pour le recevoir et lui ai sans ironie souhaité « bonne chance » pour le bac.

Emmanuel est revenu me voir après l'été. Il avait échoué – de peu mais quand même – au bac et s'apprêtait à redoubler sa

Terminale. Je l'ai écouté avec bienveillance, prenant soin de ne pas jouer les Cassandre sur le mode : « Je vous l'avais dit qu'en continuant comme ça vous iriez droit dans le mur pour le bachot. »Penaud, l'adolescent a murmuré : « Je suis encore sous le choc. J'étais persuadé de réussir "les doigts dans le nez". C'est la honte absolue. Furieux, mes parents ont supprimé mon argent de poche. Je ne peux donc plus "jointer". Du coup, mon angoisse face aux femmes est revenue… et ma copine, fatiguée de mes jérémiades et de mes frayeurs sexuelles, est partie. Mes copains sont tous en fac sur Paris. Ils doivent me snober – et je ne peux pas leur donner tort – car je n'ai plus de nouvelles d'eux. Je suis resté seul comme un imbécile. » Il parvient néanmoins à sourire, cette fois-ci sincèrement, et à faire un mot d'esprit : « J'ai compris que "maths stups" n'était pas le meilleur chemin pour faire "maths sup". » J'ai renouvelé ma proposition de prise en charge psychologique, qu'Emmanuel a acceptée. Il n'a pas écarté non plus la possibilité de se faire prescrire un léger traitement anxiolytique par son médecin de famille.

Résumons-nous. Être peu ou moins en proie à de l'anxiété permet de mieux penser, sentir et agir. Beaucoup d'adolescents mal dans leur peau ou / et soumis à d'importantes contraintes scolaires le savent et consomment du cannabis à cet effet. Le problème est qu'en cas d'usage régulier ce produit, s'il détend, démotive dans le même temps. De sorte qu'un jeune qui trouve un certain apaisement psychologique en fumant des « joints » risque simultanément de saborder sa scolarité. Comme l'explique le professeur de santé publique Claude Got (2003) : « Un adolescent aux prises avec les difficultés d'une période de construction de sa personnalité et de pression scolaire exigeante croit trouver la sortie de secours dans un joint et il se retrouve dans une impasse. Il a raté sa scolarité et construit un citoyen ectoplasmique qui ne résistera pas aux exigences de la société de sélection. » En d'autres termes : « Le tamis de la sélection sociale a des trous de plus en plus gros et des mouvements de plus en plus brutaux. Le cannabis fait partie des adjuvants qui facilitent le passage vers le bas, c'est un descenseur social, comme l'alcool, comme la violence » (*ibid.*).

Face à ces réalités, outre l'organisation de réunions d'information en direction de groupes d'élèves et portant sur les risques liés à la consommation de cannabis et d'autres drogues, il appartient aux personnels de l'Éducation nationale, aux parents et aux soignants de travailler en réseau pour détecter précocement une consommation soutenue de cannabis et pour mettre en place des relais vers des structures spécialisées où le mal-être de l'adolescent pourra être travaillé au gré d'une prise en charge associant si besoin l'entourage familial. Ces actions de proximité pourraient être complétées par une information préventive à échelle nationale. En ce sens, je rejoins la sociologue Anne Coppel[8] lorsqu'elle estime qu'« une prévention ciblée s'impose, comme pour le tabac. On aurait dû diffuser depuis longtemps un spot télé qui montre un gamin en train de dormir sur sa copie de bac… avec une voix off implacable : Tu t'es vu quand t'as fumé ? ».

Par contre, les actions de repérage ne sauraient se limiter à la fumette de « joints », même si celle-ci doit souvent être prise en sérieux. Je me souviens d'un professeur principal qui, animé des meilleures intentions du monde, « cuisina » à la fin de son cours un élève qu'il soupçonnait de consommer du cannabis parce qu'il était avachi et avait les yeux « explosés ». Cet adolescent soutint agressivement le regard de l'enseignant et refusa de répondre à ses questions. Apprivoisé par l'assistante sociale de l'établissement, il a ensuite accepté de me rencontrer et de s'exprimer. Il présentait en fait un état dépressif consécutif à la perte récente de sa sœur cadette, emportée par un cancer fulminant, ce qui altérait

8. Interviewée par Deguen, Payet et Leras (2004).

fortement son sommeil et donc ses capacités d'attention et de concentration en classe. J'ai adressé ce jeune à son médecin de famille pour une éventuelle aide médicamenteuse et lui ai proposé un soutien psychologique. Cet exemple montre que la souffrance psychologique à l'adolescence est susceptible de prendre bien d'autres formes qu'un usage de substance(s) psychoactive(s). Cette réalité nécessite que le personnel des collèges et des lycées soit en capacité d'identifier, de soutenir puis d'orienter vers l'extérieur l'ensemble des élèves en difficulté.

Cannabis et conduite automobile

Amoindrissement de la capacité de contrôle de la trajectoire, allongement du temps de décision, modification de la perception du temps et des distances, déficit des mécanismes d'attention, détérioration des réponses en situation d'urgence, modification de la profondeur du champ visuel (exagérant la proximité des objets), perception exacerbée des sons, augmentation des fluctuations du contrôle latéral (qui donnent lieu à des écarts anormaux par rapport aux bordures de la voie)... Scientifiques et cliniciens s'accordent sur le fait que l'ivresse cannabique – qui s'installe au bout de quinze minutes et dont les effets sont observables pendant plusieurs heures – grève les capacités de vigilance et, surtout, de réflexes quantitatif (le délai de réponse neuromusculaire) et qualitatif (l'adéquation et la précision des gestes) en cas de danger, c'est-à-dire d'obstacle brusquement surgi. C'est dire si l'usage de cannabis ne fait pas bon ménage avec la conduite d'engins motorisés, qu'il s'agisse d'une automobile ou d'un scooter.

Kevin a eu un sale accident de la route

Âgé de dix-neuf ans et artisan dans la ferronnerie, reçu pour un suivi psychologique dans le cadre d'une mesure judiciaire d'obligation de soins, cet adolescent se souvient : « Je fume des "joints" plusieurs fois par semaine, mais toujours avec des copains. C'est un moyen de s'éclater, surtout après la "prise de tête" du travail. Je pourrais me passer du cannabis, mais le *dealer* est un pote et ne me "carotte" pas. Je conduis depuis un an, et plutôt bien. J'étais donc persuadé qu'avec un "pétard" ça ne changerait rien. J'avais tendance à croire que si l'alcool assomme, on reste "clair" au volant en ayant fumé du cannabis. On m'avait pourtant prévenu, notamment un oncle plombier qui a des apprentis parfois transformés en zombis par les "joints". L'un d'eux a été incapable de faire un créneau lors d'une livraison et a récolté une amende pour stationnement défectueux. Mon oncle était tellement furieux qu'il l'a retenue sur son salaire et qu'il a menacé de le virer s'il n'arrêtait pas de "jointer". Pour moi, c'était du pipeau ! Pas besoin d'avoir fumé un "pét" pour se garer comme un manche. Je me disais que le gars avait eu son permis dans une pochette surprise et c'est tout. Il a fallu qu'il m'arrive une "tuile monstre" pour que je change d'avis. C'était il y a deux mois, un soir d'été. Il faisait très beau et encore jour. Je conduisais la voiture de mon meilleur copain et on allait chez moi pour regarder des cassettes vidéo. Histoire de préparer l'ambiance, j'avais fumé un bon "cône" avant de démarrer. Au début, je n'ai rien senti, d'autant plus que mon copain était lui franchement "pété" et qu'il me racontait des blagues en piquant un peu du nez. En comparaison, j'étais extrêmement frais. Je connaissais la route par cœur. La visibilité était excellente et la chaussée en très bon état. Il me restait un long virage à prendre avant d'entrer dans le village. On a ri à propos de la route, qui fait une courbe à cet endroit pour éviter un calvaire. Dans le temps, les bigots du coin ont mis le paquet pour qu'on ne touche pas à ce machin. Le virage s'approchait et on continuait à se marrer. Je roulais lentement car on était presque arrivés. J'ai braqué tranquillement à gauche et, là, catastrophe ! La voiture est sortie de la route. On a failli se payer le crucifix. J'ai réussi à l'éviter, mais on a fait des tonneaux dans le fossé. Quand on s'est arrêtés, ça craignait un "max". Nous étions la tête en bas, mal tenus par nos ceintures et le copain braillait en se tenant le bras. Il m'a traité de tous les noms. Les secours sont arrivés très vite, mais aussi les gendarmes ! Comme je n'ai pas pu me dégager, ils ont facilement établi que je conduisais un véhicule dont je n'étais pas le propriétaire. Les gendarmes ont aussi trouvé étrange cet accident, car un cycliste nous avait vus rouler à faible allure avant de quitter le bitume. J'ai donc eu droit à l'alcootest et au recueil d'urine, d'autant plus que mon copain était sérieusement blessé. Il a fallu l'endormir avant de réduire sa fracture au coude. S'il est parti en ambulance, moi je suis monté dans l'estafette de la gendarmerie, en prélude à de multiples ennuis. Mon ivresse cannabique m'a valu une forte amende et une condamnation à deux mois de prison avec sursis, assortie de l'obligation de soins qui me vaut d'être ici. Encore heureux que je n'avais pas bu d'alcool ! En plus, mon copain a porté plainte pour coups et blessures involontaires. Il m'en veut à mort. Sa voiture avait besoin de grosses réparations mais comme il était en tort son assurance n'a pas versé un centime. Sa bagnole est partie à la casse et il a failli perdre son travail parce qu'il n'avait plus de moyen de transport. Pour un "joint", l'addition est bigrement salée ! »

Le mauvais calcul de Michel

La plupart des conducteurs qui fument du cannabis mettent en avant le fait qu'ils ont des « trucs » pour minimiser les risques liés aux effets négatifs du produit. Ils roulent à vitesse réduite – même si l'exemple de Kevin prouve que cette mesure n'est pas infaillible –, évitent de doubler et allongent la distance qui les sépare des autres véhicules. Assailly (2003) rappelle pourtant qu'il existe « des situations où l'influence de la consommation de cannabis peut être très dangereuse : les situations d'urgence, la conduite prolongée monotone, et le cannabis mélangé avec d'autres drogues, particulièrement l'alcool ».

Michel, vingt-quatre ans, vendeur dans un hypermarché, m'a confié en termes là encore fleuris : « Je sortais de boîte à deux heures du matin, à vingt bornes de chez moi. J'avais fumé trois “cônes” bien chargés. J'étais “foncedé”, mais comme il n'y avait personne pour me ramener j'ai quand même pris le volant. J'ai décidé de ne pas dépasser les cinquante à l'heure sur la départementale. Mais c'est pas parce qu'on conduit “pépère” qu'on est à l'abri des ennuis, surtout la nuit. J'avais peur d'être arrêté par les gendarmes, qui auraient trouvé “zarbie” mon allure d'escargot… Les pépins sont venus autrement. D'abord, une bande d'hurluberlus s'est pointée à ma hauteur. Ils m'ont traité de « larve » et de « trouillard » en agitant des chaînes de vélo. Ils se sont rabattus deux ou trois fois pour essayer de m'envoyer dans les décors. J'ai dû accélérer pour échapper à ces enfoirés, mais vu que j'avais le dynamisme d'un gardon sorti de l'eau depuis une semaine, ça m'a obligé à prendre des risques dingues… Les arbres zigzaguaient, j'y voyais que dalle et j'avais les jambes en coton. J'ai cru que j'allais y laisser ma peau. J'ai réussi à semer les tarés, mais après ça a été la cerise sur le gâteau ! Ma mère m'a appelé sur le portable. Elle venait de tomber dans l'escalier en marchant dans le noir et pensait qu'elle avait une jambe cassée. Mon père était en déplacement pour le boulot, à l'autre bout de la France. J'ai dû mettre une deuxième fois le turbo, pour la chercher et l'emmener aux urgences. Par miracle, j'ai réussi à ne pas embrasser un platane. C'est à croire qu'il n'y a pas seulement un dieu pour les alcooliques, mais aussi pour les fumeurs de “bédos”. À l'hosto, je ne devais pas avoir l'air frais car c'est ma portière que les brancardiers ont ouverte en premier. Dans le rétroviseur, je me suis découvert une tronche à jouer sans maquillage dans un film de morts-vivants. Basta les conneries ! Plus question de "jointer à donfe" avant de rentrer en voiture, ou alors c'est un copain qui conduira et je vous assure que Ducros ne se décarcassera pas pour lui. »

Tenant compte des inconvénients de la conduite sous cannabis, certains consommateurs[9] s'attachent à développer une information préventive vis-à-vis de leurs pairs. Ainsi, Jef Favatier (2003), membre de l'Association des Usages de Drogues (ASUD), spécialisée dans la réduction des risques auprès des utilisateurs de substances psychoactives, propose de solides « conseils bison taffeur », même s'il s'agit autant d'un mode d'emploi pour passer à l'as vis-à-vis de la maréchaussée que d'une sensibilisation *stricto sensu* aux inconvénients perceptivo-moteurs du cannabis au volant ! D'abord, « restez prudent et discret ». Ensuite, « ne vous prenez pas pour Fangio » et « attachez votre ceinture ». Enfin (et surtout ?), « évitez les filtres de joints dans le cendrier de votre véhicule, les papiers à rouler découpés qui traînent sur le tableau de bord, bref tout ce qui peut vous rendre suspect aux yeux de la police et vous faire identifier d'emblée comme un usager de drogue, surtout si vous êtes jeune, roulant au volant d'une puissante berline et un peu bronzé »…

Le souci de minimiser les risques d'interpellation par les forces de l'ordre est compréhensible si l'on considère que la loi relative à la conduite sous l'influence de substances ou plantes classées comme stupéfiants a connu un renforcement sévère le 3 février 2003 (loi n° 2003-87, dite d'Agnella), suivi le 31 mars 2003 d'un décret d'application (n° 2003-93). Auparavant et depuis 1999, le dépistage de stupéfiants sur les automobilistes

---

9. Sans oublier bien sûr les professionnels de la prévention et de l'aide aux usagers de drogues. Par exemple, le CIRRD Auvergne et le CODES 63 ont réalisé en 2004 une plaquette intitulée « Drogues et conduite routière ».

n'avait lieu qu'en cas d'accident mortel. À présent, cette pratique peut être effectuée dans des circonstances beaucoup plus fréquentes. D'abord, les accidents de la circulation qui ont occasionné ou non des dommages corporels. Ensuite, les infractions punies de la peine de suspension de permis (par exemple « griller » un feu rouge) ou relatives à la vitesse ou encore au port de la ceinture ou du casque. Enfin, les raisons de soupçonner que le conducteur a consommé une ou plusieurs substances stupéfiantes. Le plus subversif des conseils de « bison taffeur » vise clairement cette dernière occurrence, qui comporte il est vrai un risque de dérapage vers le délit de faciès… En cas de tests positifs, le conducteur encourt de lourdes sanctions. Le tarif « plancher » est de deux ans d'emprisonnement et de 4 500 euros d'amende, accompagnés d'une suppression de la moitié du nombre de points initial du permis de conduire, soit six points en moins. Ces peines s'élèvent à trois ans d'incarcération et 9 000 euros d'amende si le conducteur possède de surcroît un taux d'alcoolémie égal ou supérieur au seuil autorisé. Ce cas de figure s'étaye sur une réalité pharmacologique. En effet, une consommation associée de cannabis et d'alcool, même lorsque ce dernier est bu en quantité modérée, donnant lieu à une alcoolémie inférieure au seuil légal de 0,5 g/l, altère les performances de l'automobiliste de manière nettement plus marquée qu'une fumette unique de « joints ». Ne pas obtempérer lors de ce type de contrôle n'arrange rien, puisque le refus de se soumettre au test de dépistage entraîne automatiquement une peine de deux ans d'emprisonnement et de 4 500 euros d'amende, sans oublier que dans tous les cas, selon le texte législatif, « le juge peut se réserver le droit d'engager des poursuites complémentaires »…

Face à ce nouvel arsenal législatif – qui n'est au demeurant pas polarisé sur le cannabis mais cible l'ensemble des substances psychoactives illicites – les débats sont ouverts. Les discussions portent essentiellement sur la difficulté de prouver qu'à la présence de cannabis – dont le taux d'élimination est très lent – dans les urines ou le sang d'un conducteur correspond un état d'ivresse au moment de l'interpellation, sur l'extension des tests de dépistage aux « drogues » licites que sont les « calmants » – dont l'action sédative est bien connue – et sur une proposition de seuil minimal pour le cannabis, tel qu'il en existe pour l'alcool. Cette proposition nécessiterait de dépénaliser l'usage de cannabis au profit d'une réglementation. Je pense que cette idée n'est pas à écarter. Elle permettrait une application plus juste, réaliste et lisible de la loi concernant l'usage de ce produit, au volant comme dans d'autres circonstances. Quoi qu'il en soit, je partage le souci du toxicologue Mura (2003), qui appelle de ses vœux l'organisation « de larges campagnes d'information des risques[10] auprès des conducteurs et particulièrement des jeunes, sans attendre qu'il y ait eu mort d'homme ».

Cannabis et activité professionnelle

Les médecins et les employeurs considèrent de plus en plus attentivement les usages de cannabis sur le lieu de travail. Cet intérêt est certes nourri par des raisons divergentes, de santé en ce qui concerne les premiers et de rentabilité en ce qui concerne les seconds. Un terrain d'entente peut pourtant être trouvé du côté de la sécurité, celle des personnels d'un côté et celle des outils de production de l'autre. Ce souci se base sur les risques d'accidents liés à l'utilisation de machines, du fait des effets sédatifs du produit, sans oublier qu'un salarié qui a la « gueule de joint[11] » après une soirée de fumette intensive tend à être en retard au moment où il prend son poste.

10. Liés à l'utilisation de l'ensemble des substances psychoactives, licites comme illicites.
11. Néologisme.

Djamel, un cariste étrangement maladroit

Âgé de vingt-trois ans, cariste dans une entreprise agroalimentaire, Djamel se souvient : « J'ai appris facilement à manier le chariot élévateur pendant le stage qui a précédé mon embauche. À l'usine, j'ai été rapidement considéré comme un bon cariste. Je fais les trois huit et, de jour comme de nuit, je ne rencontre aucun problème. Depuis trois ou quatre ans, il m'arrive de fumer des "joints", mais seulement lors de soirées entre copains. Je me suis longtemps dit "pas question de fumer pendant le boulot", parce que je ne voulais pas me faire "choper" et, surtout, pour ne pas bousiller quelque chose avec le chariot. Pourtant, une nuit, j'ai accepté de tirer quelques "taffes" sur un "pétard" qu'un collègue de l'atelier voisin avait confectionné. J'ai été "raplapla" aux commandes et la lumière est devenue trop vive, mais comme ça s'est passé très progressivement je ne me suis pas méfié. Résultat, j'ai renversé une palette et une caisse a failli estropier un autre ouvrier, sans compter la marchandise détériorée. Le gars qui m'a passé le "joint" est au départ et à la réception des commandes. Il regarde, il pose des scellés, il écrit et il fait signer les chauffeurs-livreurs. S'il somnole un peu, ça n'a aucune conséquence sur ce qu'il fait. Il peut se permettre d'être "cassé", mais pas moi ! Quand on transporte une tonne de caisses, que le centre de gravité est élevé, qu'on les hisse à deux mètres du sol et qu'il faut les déposer au centimètre près, "ça ne peut pas le faire" si on a "fumé la moquette"... Le chef d'équipe ne m'a pas trop "avoiné", car il sait que je fais correctement mon "taf". Mais justement, comme je ne suis pas un guignol, il m'a regardé bizarrement. J'ai eu l'impression qu'il se doutait de quelque chose et qu'il cherchait à voir si mes yeux étaient rouges. J'étais très mal à l'aise. Je lui ai dit que j'avais mal à la tête et que je manquais de sommeil. Il m'a demandé si je voulais rentrer chez moi. J'ai répondu que ça irait et il n'a pas insisté. J'ai quand même “eu les boules” et ça m’a dissuadé de recommencer à fumer le “bédo” au travail. OK, je ne suis plus en période d’essai et on me fait comprendre qu’on est satisfait de moi, mais je ne veux pas tirer le diable par la queue. Si j’écopais d’un avertissement, ça m’empêcherait ensuite d’être attentif, car j’ai besoin de sentir que mes supérieurs ont confiance en moi. Je crois que ça me pousserait à la faute professionnelle, donc vers la sortie. »

Certaines entreprises soumettent les personnes qui postulent pour un emploi à une analyse d’urine au cours de la procédure d’embauche. Cet examen a clairement pour but de détecter la présence ou non de substances psychoactives et le sujet en est informé. En cas de résultat positif, la candidature est refusée et le postulant – dès lors fiché – n’a aucune possibilité de se présenter ultérieurement. Les fumeurs de cannabis sont ici très vulnérables. En effet, se fixant sur les parties grasses du corps (qui n’en manque pas, à commencer par le cerveau), ce produit présente l’inconvénient d’être repérable dans l’urine et dans le sang bien après le moment où il a été consommé. En cas de consommation isolée, le THC – abréviation de tétrahydrocannabinol, nom du premier principe actif (qui en compte plusieurs dizaines) du cannabis – peut être détecté jusqu’à sept jours dans le sang. En cas d’usage quotidien et installé depuis plusieurs mois, ce délai est compris entre trois et neuf semaines. C’est dire si le risque d’être piégé lors de l’examen médical est grand. Certes, ce dépistage n’est pas (encore ?) pratiqué dans toutes les entreprises, loin s’en faut. Il est essentiellement le fait de grandes entreprises de transport (d’êtres humains ou / et de marchandises), notamment la SNCF et les compagnies aériennes. Mais selon leur localisation ces dernières peuvent constituer un gisement d’emplois essentiel. Je travaille dans une grande agglomération de l’Oise, à une trentaine de kilomètres d’une des plus grandes plate-formes aéroportuaires d’Europe, Roissy-

Charles-de-Gaulle. De nombreux jeunes diplômés du nord de Paris et du sud de la Picardie aspirent à y être embauchés. Il n'est pas rare que des lycéens et des étudiants construisent leur scolarité dans cette optique, avec la perspective de faire carrière à long terme. Certaines de ces personnes, titulaires d'un baccalauréat technique ou d'un BTS, voire d'un diplôme d'ingénieur, fument des « joints », soit ponctuellement, soit régulièrement. Les informations concernant les risques liés à la consommation de cannabis circulent et ces jeunes de bon niveau les « captent », par le biais de brochures, de sites Internet et de discussions entre amis. Pourtant, leur curiosité achoppe sur un point crucial. Ils méconnaissent souvent la durée réelle de séjour du THC dans le corps. Par conséquence, le délai entre leur dernière « fumette » et l'examen d'urine tend à être trop court. C'est ce qui est arrivé à Rodolphe, vingt ans, une fois son BTS d'informatique en poche.

Rodolphe, refusé à l'embauche à la suite d'une analyse urinaire

Usager régulier de cannabis mais capable de réduire fortement sa consommation, ce jeune homme m'explique en larmes : « Je ne comprends pas. J'avais pourtant arrêté de fumer des "pétards" depuis quinze jours. Je ne voulais pas prendre le risque que ma candidature soit éliminée par une "connerie". J'étais zen en urinant dans le flacon, un peu comme un athlète qui aurait déjà recouru au dopage à l'entraînement mais qui mettrait un point d'honneur à être "propre" au moment de la compétition, pas seulement pour qu'on ne trouve rien au test de dépistage mais surtout pour se prouver qu'il est capable de faire une belle "perf" sans produits, qu'il n'est pas un imposteur, qu'il mérite la médaille convoitée. J'ai fait la bêtise de me renseigner auprès d'un copain qui travaille dans une entreprise où le dépistage des drogues n'existe pas. Que pouvait-il donc en savoir, ce “blaireau” ? J’aurais dû rechercher une information fiable, par exemple en venant ici ; ça en valait quand même la peine ! Maintenant, je suis complètement paumé. Mon projet professionnel est tombé à l’eau. J’ai été obligé de mettre mes parents au courant. Du coup, l’ambiance est infernale à la maison. Mon père refuse de me parler et menace de me flanquer dehors si je ne prends pas le premier boulot venu. C’est injuste. Je n’ai pas fait des études pour me retrouver à pousser des caddies dans un supermarché. C’est l’impasse. Des fois, je pense à la mort[12]. Qu’est-ce que je vais devenir ? »

Durant l’embellie (relative) qui a caractérisé l’économie à la fin des années 1990, les entreprises ont embauché un grand nombre de jeunes. L’alcool et le tabac étaient jusqu’alors les principales substances psychoactives consommées au travail. Davantage habitués à faire face aux personnes qui ont un problème avec le tabac ou l’alcool, les salariés plus âgés ont vu d’un mauvais œil l’arrivée de la génération « joints ». Certains mettent en avant leur hésitation à intervenir. Faut-il demander à ces jeunes de ne pas fumer de cannabis, les sanctionner ou encore, en se fondant sur la loi française relative aux stupéfiants et sachant que l’entreprise n’est (en principe) pas une zone de non droit, les mettre *illico presto* à la porte ? Demeurant avec leurs questions, chefs de service et directeurs des ressources humaines se bornent jusqu’ici à mettre discrètement à l’écart les fumeurs de cannabis qui ne sont pas en CDI, soit en ne renouvelant pas leur CDD, soit en signifiant un refus non explicité à l’agence de travail intérimaire par laquelle ils ont transité pour effectuer une mission.

---

12. La détresse de Rodolphe m’a rappelé une phrase du romancier américain Nick Tosches (2003) : « Ce qui nous tue, c’est ce que nous ne faisons pas. »

Jérémy est mal vu par ses collègues, qui préfèrent l'alcool !

Face à cela, les jeunes concernés se rebiffent. Jérémy, dix-neuf ans, s'exclame ainsi : « Ce sont des réflexes de vieux "beaufs". Dans la dernière boîte où j'ai travaillé, la plupart des salariés de l'âge de mes parents buvaient de la bière ou du whisky. Certains étaient carrément "pétés comme des coings". Quand c'était trop visible, on leur conseillait simplement de prendre quelques jours de vacances ou de se mettre en arrêt maladie. Fumer du cannabis ne me gêne pas pour bosser. Je me limite à un ou deux "pétards" par semaine. Mon haleine n'empeste pas et je reste droit sur mes jambes. On ne peut pas dire la même chose de certains ex-collègues. Ils se sont permis de me traiter de "toxico" et de "camé" parce qu'ils m'ont surpris en train de rouler un "pétard" dans les toilettes, alors qu'ils sont tellement "portés sur le flacon" que le SAMU est déjà intervenu pour en déblayer plusieurs vers l'hôpital. Se faire faire la morale par des "éponges" pareilles, c'est franchement honteux. C'est à croire que ces gens-là se servent de la loi sur les stupéfiants pour justifier ou refuser d'admettre qu'ils sont alcooliques. C'est complètement hypocrite. Il y a deux poids et deux mesures. Si j'avais "la dalle en pente" comme eux, ils me ficheraient une paix royale, mais pas question de me "murger" à la "8,6". La prochaine fois, je ne me ferai pas avoir. Je fumerai avant de travailler, au cas où l'entreprise appellerait la police pour me faire fouiller, et le premier poivrot qui me cherchera des noises j'irai le "balancer" à la direction. Trop c'est trop. Les jeunes ont déjà la haine de galérer pour avoir du boulot, et encore précaire. Alors on ne va pas se laisser emm… par des Dupont moyens de niveau certificat d'études qui ont des places "pénardes", paient tranquillement les traites de leur baraque et partiraient avec le pactole s'ils étaient "lourdés". Qu'ils nous laissent exister ou qu'ils se "barrent". »

Cet exemple montre que, dans le monde du travail et à l'instar de ce qui se passe en famille, le cannabis sert volontiers de détonateur à un conflit de générations larvé. Emporté par sa révolte « adolescente », Jérémy fait à ses aînés un procès inique. Il méconnaît le fait que les substances psychoactives consommées au travail servent de plus en plus à supporter l'anxiété engendrée par un cahier des charges qui, à tous les niveaux hiérarchiques, accorde de moins en moins de place à la communication et à la solidarité. Fumer du cannabis (ou boire de l'alcool) au travail n'est pas toujours le signe d'une affirmation contre-culturelle ou d'une nonchalance de mauvais aloi. Comme l'explique un élu du personnel dans la métallurgie, interrogé par Gremillet, Hyafil et Ecoiffier (2002), « si la nuit il y avait encore des vraies équipes, où les gens se parlent et se font confiance, peut-être que les jeunes n'auraient pas besoin de fumer des joints en douce pour tenir le coup ».

Face aux contraintes inhérentes à la vie professionnelle, les « anciens » ne sont pas toujours logés à meilleure enseigne que les « bleus ». Le malentendu naît du fait que chaque génération a ses produits d'élection pour supporter le stress provoqué par les conditions de travail et qu'elle tend, de manière défensive[13], à moraliser et disqualifier la consommation de l'autre. Dans cette optique, les jeunes fumeurs de « joints » sont considérés comme des « drogués » et les « vieux » qui s'alcoolisent sont tenus pour des « pochetrons ». Des actions d'informations initiées par les services de médecine du travail – en lien avec des associations de prévention et de soins aux toxicomanes – pourraient utilement aider les salariés à se défaire de ces représentations péjoratives, sources de rapports de force inféconds, et à questionner leur propre usage de substance(s) psychoactive(s), que celles-ci

13. Dénigrer le comportement de son prochain sert entre autres à ne pas se pencher sur sa propre situation.

soient licites ou non et qu'elles se cantonnent ou non au cadre professionnel.

Par ailleurs, même lorsque l'ambiance de travail est bonne et que les salariés ne sont pas soumis à des cadences infernales, la nature de certaines professions ne favorise pas précisément l'abstinence au cannabis (ou à d'autres substances psychoactives) chez les sujets les plus émotifs. C'est le cas de Thierry.

Thierry fume du cannabis pour supporter un job peu ragoûtant

« J'ai toujours pensé que, pour s'occuper de la mort, le secret était de la tenir à distance. C'est la règle. Ne jamais la laisser vous souffler dans la figure. »
Michael Connelly (1996).

Ce jeune homme de vingt-deux ans, employé dans un institut médico-légal, n'imagine guère pouvoir faire son travail sans fumer des « joints » : « J'aime ce boulot, car il est pleinement humain. Il m'arrive de passer une heure avec les membres d'une famille en deuil qui m'ont donné des habits pour en revêtir le défunt ou qui me posent des questions sur la toilette mortuaire. Dans ces moments là, j'ai vraiment l'impression de servir à quelque chose. Mais les autres aspects du travail n'ont rien de folichon. Même si on se concentre sur les gestes techniques, on ne peut pas rester de marbre devant les corps dont on s'occupe. On a beau essayer de faire de l'humour macabre, un peu comme les carabins, il y a quand même plein de choses qui nous restent en travers de la gorge. Bien sûr, on a des réunions d'équipe pour en parler et évacuer les sales images, mais en attendant la suivante on est bien obligés de ravaler nos états d'âme et de serrer les poings. Quand il faut participer à l'autopsie d'une gamine qui a été charcutée par un sadique ou rendre présentable le corps d'un type qui s'est suicidé avec son fusil de chasse, on "flippe comme des bêtes", même si on a du métier ! Il y a de quoi tomber dans les pommes ou prendre un aller simple pour Sainte-Anne ! On se sent comme l'étudiant du film *Le veilleur de nuit*, qui est gardien dans une morgue et doit "se taper" seul des rondes parmi les cadavres étendus sur les tables de dissection. Chaque fois que le chef de service nous prévient qu'il y a un truc très moche au programme, je file aux toilettes et je fume vite fait un "joint". J'en ai toujours un ou deux prêts dans ma poche et je stocke un peu de "teuchi" dans mon casier. Un quart d'heure plus tard je suis d'attaque, du moins je peux mettre un peu de distance entre ce que je fais et ce que je ressens. Le "pétard" me fait suffisamment planer pour m'éviter de paniquer ou de "gerber". J'ai aussi l'impression que le temps passe plus vite. Si j'ai dû assumer quelque chose de particulièrement écœurant, je fume un autre "joint" une fois rentré chez moi, histoire de m'endormir rapidement et de ne pas "cauchemarder". Le cannabis me sert également à me protéger de la douleur des familles. Même en situation professionnelle, la tristesse est terriblement contagieuse. Avec le "joint", je me blinde, sans pour autant devenir un robot. Il s'agit juste de ne pas craquer tout en gardant suffisamment de sensibilité pour accueillir la souffrance des gens. »

CHAPITRE IV

Risques tous azimuts

Les risques liés à l'usage de cannabis se déclinent également sous des formes dont la survenue peut être plus brutale et, corrélativement, encore moins prévisible que les aléas scolaires, automobiles et professionnels dont il vient d'être question : être victime d'une agression, faire l'objet d'une dénonciation auprès des forces de l'ordre ou être surpris par celles-ci, bricoler des « solutions » dangereuses pour subvenir financièrement à une consommation de *shit* coûteuse car intensive, pâtir de la qualité incertaine du produit et subir un accident psychiatrique. Les problèmes sanitaires qui peuvent se poser à long terme seront également évoqués.

Être agressé

Dans la plupart des cas, se procurer du cannabis n'a rien d'une mission impossible. L'offre de produit est abondante et les vendeurs sont à proximité géographique, « amicale », scolaire et professionnelle des acheteurs. Pourtant, cette démarche n'est pas toujours sans dangers.

Les fumeurs de « joints » ne vivent pas plus en ermites que le restant de la population. Ils partent en week-end, prennent des vacances et voyagent. Mais, à la différence du citoyen *lambda*, quitter leur cadre de vie les expose au risque d'être « accostés » puis « dépouillés » par de soi-disant vendeurs de cannabis. Certains jeunes vacanciers n'hésitent pas, notamment lorsqu'ils séjournent en bord de mer, à suivre d'autres jeunes qui habitent la localité, les ont repérés et démarchés sur une plage, une terrasse de café ou un jardin public. Ces individus attirent en fait leurs « clients » dans des « plans » crapuleux où ils les délestent de leur argent. C'est ce qui est arrivé à Moussa.

Moussa s'est fait « dépouiller » en vacances

Cet étudiant en droit, âgé de vingt ans, me raconte avec dégoût : « Un job d'été dans un restaurant venait de me passer sous le nez. Le patron m'a prévenu deux jours avant de commencer pour me dire que finalement il n'aurait pas besoin de moi. Comme je n'avais pas encore signé de contrat, je n'ai pas pu contester ce coup tordu. Mes copains étaient soit en train de travailler, soit partis. Je n'avais pas envie de passer le mois d'août à tourner comme un rat dans la maison. Je suis donc descendu dans le Languedoc avec mes parents, comme quand j'étais môme. À Palavas, l'eau est bonne et le soleil presque garanti, mais je me suis très vite ennuyé. Je nage mal et j'ai passé l'âge de faire des pâtés de sable. Et puis supporter à longueur de journée les "beaufs" et les "pétasses", merci bien ! Sans compter les raseurs qui patrouillent pour vendre des beignets, des ballons et autres niaiseries pour gogos. En plus, je n'ai eu le temps d'emporter qu'une barrette de *shit*. J'ai été obligé de la rationner à mort et comme je fumais moins, l'endroit me mettait encore plus les nerfs. Alors quand trois types de mon âge, propres sur eux, m'ont demandé si "j'en voulais", je n'ai pas hésité. Ils m'ont expliqué qu'ils rentraient sur Montpellier et qu'ils pourraient m'en trouver "de la bonne" si je les accompagnais. J'ai dit rapidement à mes parents que j'avais sympathisé avec eux et que je reviendrais le soir par le bus. Dans la voiture, les gars ont mis la musique à fond, comme s'ils ne voulaient pas tellement discuter, et ils ont fait tourner un "pétard", histoire de me donner un aperçu de la qualité. Le centre ville était chouette, mais on a foncé vers le nord, beaucoup moins "cool". Planant un peu, je n'ai pas prêté attention au quartier pourri où on s'est arrêté. J'ai suivi les mecs dans une cave HLM et là, les boules ! Ils m'ont entouré et ont sorti des crans d'arrêt et des bombes lacrymo. J'ai dû leur donner tout mon fric (deux cents euros), ma montre et ma gourmette, puis ils se sont "taillés" en m'insultant et en se foutant du "parigot" qu'ils venaient de "carotter". J'en ai chialé de rage, puis je suis sorti de l'immeuble. Une dame qui habitait là a vu que je n'allais pas bien. Elle m'a montré la loge du gardien, qui m'a permis d'appeler mes parents sur leur portable. Le gardien m'a conseillé d'aller au commissariat pour porter plainte contre ces "raclures", mais comment aurais-je pu expliquer aux policiers ce que je faisais dans un endroit sans intérêt pour un vacancier, où je ne connais personne et situé à quinze kilomètres du terrain de camping ? En plus, impossible d'identifier mes agresseurs. Ils portaient des lunettes teintées et comme le "plan" semblait "nickel", je n'avais pas regardé la plaque d'immatriculation. Mon père m'en engueulé grave quand il m'a récupéré. Il sait que je fume des "joints" et a compris ce qui s'était passé. J'ai alors presque regretté que les mecs ne m'aient pas démonté la tête, histoire de l'apitoyer et qu'il se calme. J'avais déjà assez la honte comme ça. Sans "thune", j'ai dû me passer de cannabis pendant le restant des vacances et lire les mêmes romans à l'eau de rose que ma mère (depuis, quand je vois un bouquin de Barbara Cartland, j'ai envie de me "mettre une balle") pour essayer d'avoir la tête ailleurs. Une fois rentré, j'ai parlé de l'agression à mon meilleur copain. Il m'a dit que ça n'était pas rare et que deux de ses cousins avaient subi ce type d'arnaque. La prochaine fois, j'emporterai de quoi fumer pendant toutes les vacances. Je sais que j'aurai de sacrés ennuis en cas de contrôle policier, mais ça sera moins humiliant et je ne risquerai pas de prendre un coup de couteau. »

Lorsqu'ils sont sous l'effet du produit, les consommateurs de cannabis ont une vigilance amoindrie et des gestes ralentis. Même lorsqu'ils se trouvent dans un endroit familier, ils deviennent alors des proies faciles pour les agresseurs. Stéphane en a fait l'inquiétante expérience.

« Cassé » par le cannabis, Stéphane n'a pas pu se défendre

Ce lycéen de dix-sept ans se souvient : « C'était en fin d'après-midi. Je revenais du foot. J'avais fumé un “joint” en sortant du vestiaire. L'entraîneur m'avait dit “Tu te débrouilles de mieux en mieux. Vivement les compétitions, pour que tu puisses concrétiser.” Je me la jouais en marchant. J'imaginais que je faisais gagner l'équipe, qu'on remportait plein de championnats. Le soleil s'est couché plus tôt que je le pensais. Comme je n'étais pas pressé, j'avais refusé qu'un autre joueur me ramène en scooter. Mais je m'étais “gouré” pour estimer la distance et, surtout, les effets du “pétard”. Il était trop chargé. Jusqu'ici, je ne pensais pas que ça pouvait mettre dans le cirage. Je me suis rendu compte qu'à partir d'une certaine quantité, ça n'est pas différent de l'alcool ! En passant dans un endroit peu éclairé, j'ai entendu des mobylettes arriver et freiner à ma hauteur. C'était deux “grands”, des mecs de la ville d'à côté. Ils n'aiment pas les gars d'ici. Je leur ai dit “Si vous me cherchez, je vous envoie à l'hôpital”. J'étais prêt à sortir mes chaussures de foot et à les “boxer” avec les crampons. Mais ça les a fait rire : “Tu t'es vu, morveux ? T'as des yeux de martien et tu tiens à peine debout. On n'aurait qu'à te souffler dessus pour que tu dégringoles. File-nous ton sac et tu pourras aller pleurer chez ta mère !” Un des types a touché mon sac et je lui ai donné un coup de poing. J'ai tapé de toutes mes forces pour le laisser sur le carreau et que l'autre n'insiste pas, mais j'étais si engourdi qu'il a esquivé facilement et que je me suis retrouvé par terre. J'ai eu du bol, car un automobiliste s'est arrêté. Il pensait que j'étais tombé de mobylette. En le voyant, les "grands" sont partis, un peu "péteux". J'ai dit au conducteur que j'avais glissé mais que je n'avais rien. J'ai couru en zigzaguant vers un autobus qui venait d'arriver à une station proche. Je l'ai pris et je suis rentré chez moi, pas très "fiérot". Le "bédo", c'est "cool" pour se détendre et faire la fête, mais je n'en fumerai plus jamais avant d'aller dans la rue. Les types avaient clairement vu que j'étais "cassé". J'ai rarement la trouille et je sais me battre, mais là ils auraient pu me "dépouiller" sans problème. »

Être dénoncé

La facilité avec laquelle on peut se procurer du cannabis a pour revers l'absence d'anonymat qui entoure les acheteurs. Les vendeurs d'héroïne tendent, eux, à obéir à une certaine loi du silence. Lorsqu'un *dealer* de cette drogue est arrêté par les forces de l'ordre, il refuse souvent de communiquer l'identité tant de ses fournisseurs – ou grossistes – que de ses clients. C'est qu'il risque gros auprès de ces personnes, des règlements de compte musclés de la part des premiers et un *boycott* de la part des seconds. La plupart des vendeurs d'héroïne vivent de cette activité, qui les occupe à « temps plein » et où des sommes d'argent considérables sont en jeu. Un *dealer* d'héroïne qui « parle trop » lors d'un interrogatoire policier perd sur-le-champ sa source de revenus et doit envisager, dès sa sortie de prison, de changer de région ou de « métier » pour échapper aux représailles des individus qu'il a dénoncés ou des « gros bras » missionnés par ces derniers pour le rosser ou / et recouvrir d'illégales créances (ce type de *vendetta* peut même avoir lieu lors d'une incarcération, par détenus interposés). Les vendeurs d'héroïne évitent généralement de vendre du cannabis et se tiennent à distance des *dealers* de ce produit.

Ceux-ci pratiquent leur activité « à la petite semaine ». La vente de cannabis ne constitue pas, loin de là, leur principale source de revenus. Surtout, alors que les vendeurs d'héroïne approvisionnent souvent un groupe circonscrit d'héroïnomanes « fidélisés » par leur addiction, les vendeurs de cannabis ont des acheteurs plus inconstants, volatils, dont ils ne connaissent pas toujours le nom. Les sommes d'argent en jeu ne sont jamais astronomiques. Les *dealers* d'héroïne arrêtés savent que de toute façon – qu'ils se « mettent à table » ou non –, ils vont être condamnés à une sévère peine d'emprisonnement et à une lourde amende calculée à partir de la quantité de drogue qu'ils possédaient ou / et qu'ils ont vendue. Par contre, les vendeurs de cannabis arrêtés sont fréquemment sensibilisés au fait qu'un allégement des sanctions judiciaires pourrait être envisagé s'ils font preuve de « bonne volonté », c'est-à-dire s'ils communiquent l'identité de leurs fournisseurs et de leurs clients. La plupart d'entre eux sont sensibles à cet argument… De plus, policiers et gendarmes sont désormais aidés dans cette investigation par l'accès aux numéros attachés aux appels émis et reçus sur le téléphone portable du *dealer*. Ces informations permettent aux forces de l'ordre d'intervenir au domicile des personnes soupçonnées d'avoir acheté du cannabis à tel vendeur interpellé.

« Balancée » par un dealer, Linda subit les foudres de son père

Cette lycéenne de seize ans, qui consomme des « joints » de manière pourtant très occasionnelle, a reçu ce type de visite.

Arrêté en possession d'une « savonnette » – c'est-à-dire environ 250 g de résine de cannabis –, son *dealer* venait de donner soixante noms d'acheteurs aux gendarmes de son village ! La maréchaussée s'est présentée à six heures du matin au pavillon de ses parents, en milieu de semaine, alors que toute la maisonnée dormait encore. Interrogée sur place, la jeune fille a reconnu fumer de temps en temps des « joints » et avoir été fournie par le vendeur qui l'a dénoncée. Ignorant jusqu'ici l'existence de cette consommation, les parents de l'adolescente, vu les circonstances, ont réagi de façon « éruptive ». En vertu d'une convention passée[1] entre l'institution où je travaille et le Parquet local, les simples consommateurs de cannabis interpellés sont adressés vers notre point-écoute, dans le cadre d'une mesure « d'orientation avec classement » dont l'observance – sous la forme d'un entretien psychoéducatif – suffit à éteindre l'action judiciaire. Ce partenariat intelligent ouvre une porte judicieuse vers le sanitaire. Il nous permet d'évaluer le rapport au cannabis de l'intéressé(e) et sa connaissance des risques idoines, ainsi que de situer l'usage du produit à la lueur de la dynamique familiale, les parents étant systématiquement associés à cette démarche quand l'usager est mineur. J'ai accueilli Linda sous la forme d'un projectile que j'ai évité de justesse ! Aussitôt entrée, son père l'a propulsée violemment et elle a terminé sa trajectoire dans un présentoir métallique, heureusement sans se blesser. Ambiance ! L'entretien a été à l'avenant. J'ai dû m'interposer physiquement pour que ce père, furieux d'avoir été réveillé à l'aube par les gendarmes et persuadé que sa fille était « une camée », ne batte pas cette dernière comme plâtre. Terrorisée, Linda n'a pas pu ouvrir la bouche lors de cette rencontre mouvementée, dominée par l'impulsivité et les vociférations paternelles. Un second entretien, où la jeune fille et ses

1. Que j'ai décrite en détail dans *Ces ados qui fument des joints* (op. cit).

parents ont été reçus séparément, a permis au père de l'adolescente de métaboliser son ressentiment et d'entendre que la fumette de « joints » de l'intéressée était en l'état moins catastrophique qu'il ne le croyait. Il faut dire que la dénonciation de cette lycéenne par son *dealer* était intervenue à un moment où sa parentèle était incapable de prendre du recul vis-à-vis d'une telle révélation. Sa mère avait des problèmes de santé et son père connaissait des difficultés professionnelles telles qu'il craignait d'être licencié. Cet homme déjà stressé a donc vu rouge lors de la visite des gendarmes, sans compter la crainte du qu'en-dira-t-on. Sans l'orientation de cette famille vers notre structure, les relations père-fille se seraient certainement envenimées, vouant peut-être l'adolescente à augmenter sa consommation de cannabis sous l'effet de la peur, de la tristesse et d'un sentiment d'incompréhension… un peu compréhensible.

Être interpellé

La législation française sur les stupéfiants prévoit que l'interpellation par les forces de l'ordre d'un individu en possession de produit soit suivie d'une garde à vue. Or, dans les faits, de nombreuses interpellations policières ne donnent lieu qu'à la saisie du « joint » ou de la barrette de cannabis, éventuellement assortie d'une injonction railleuse à ne pas récidiver : « Que je ne t'y reprenne pas, petit imbécile. » Je ne souhaite pas faire le procès de ce type de dérogation à la loi écrite. Dans certaines villes, les fumeurs de cannabis interpellés sont si nombreux que les commissariats devraient doubler ou tripler leur surface et leurs ressources humaines pour les interroger et les mettre tous « au frais ». Je veux simplement attirer l'attention du lecteur sur le fait que de telles réponses en première ligne n'aident pas du tout le citoyen *lambda* à intérioriser la réalité de la loi concernant l'usage de cannabis et n'incitent nullement le citoyen « jointeur[2] » à bien regarder autour de lui avant de sortir ou de rouler un « pétard ». Se répand ainsi l'idée, surtout chez les adolescents, selon laquelle on ne craint pas de se retrouver devant le juge si l'on n'est pas un gros trafiquant.

Carlos, du commissariat au chômage

Cultivant cette représentation, Carlos, âgé de vingt-cinq ans, a déchanté brutalement. Demandeur d'emploi depuis près d'un an, ce jeune adulte a voulu fêter la signature de son nouveau contrat de travail. La veille du jour où il devait entamer sa période d'essai, il a contacté ses trois meilleurs amis pour fumer du cannabis avec eux. Munis de plusieurs barrettes, les jeunes gens sont montés en voiture et ont élu un parking désert pour rouler et fumer leurs « joints ». Une voiture banalisée s'est placée devant la leur, quatre policiers en civil en sont descendus et leur ont demandé leurs papiers. L'habitacle empestant la fumée de cannabis, ils ont ri jaune. Les policiers les ont invités à leur remettre leurs cigarettes et à vider leurs poches. C'est alors que Carlos, ne sentant pas que la situation était franchement désavantageuse, a pris de haut cette demande et a clamé à ses interlocuteurs : « OK, prenez notre *shit* et partez. Ayez une petite pensée pour nous quand vous le fumerez. » L'officier de police judiciaire lui a rétorqué : « Puisque monsieur a décidé de faire le malin, nous allons poursuivre cette conversation dans nos locaux. » Dans la fourgonnette qui est venue les embarquer, les copains de Carlos l'ont regardé méchamment et lui ont murmuré : « Maintenant, tu la boucles. » Mais une fois arrivés à destination, l'intéressé a réitéré ses rodomontades : « Vous n'avez pas le droit de nous enfermer pour du *shit*. C'est une bavure. J'irai me plaindre au tribunal et j'informerai la presse. » Comme cela était prévisible,

2. Il s'agit d'un néologisme.

cette diatribe n'a pas eu l'heur de plaire aux policiers de garde. Pour cette raison, si ses amis sont ressortis rapidement après avoir signé une déposition où ils reconnaissaient avoir été interpellés en possession de résine de cannabis, Carlos, jugé « agité », a été placé en garde à vue. Cette mesure aurait dû le conduire à réaliser la gravité de sa situation. Il a pourtant continué à jouer les grands citoyens offusqués. Résultat, il n'est sorti du commissariat qu'au milieu de la journée suivante, c'est-à-dire bien après le moment où il devait prendre son poste de travail ! Il a fébrilement téléphoné à l'employeur et prétexté une indigestion, mais ce dernier n'a pas été dupe et lui a signifié que cette absence injustifiée augurait très mal d'une embauche ferme au terme de sa période d'essai… Me relatant ces faits, Carlos, à nouveau demandeur d'emploi, conclut : « J'étais tellement heureux de retravailler que je n'ai pas mesuré les risques. J'aurais dû en rabattre du caquet quand les “flics” nous sont tombés dessus. Mais je vous le jure, j'étais sûr à 200 % qu'ils saisiraient les “bédos” et, éventuellement, qu'ils nous colleraient une petite amende après nous avoir laissés repartir. Je me suis fié à ce que j'avais vécu jusqu'alors. J'ignorais que la loi était aussi sévère. Avons-nous eu affaire à des policiers intègres ou intégristes ? »

Julien a été menotté au lycée

Cela faisait plusieurs mois qu'une rumeur courait au lycée selon laquelle une « descente » de police se préparait. Le proviseur l'avait laissé entendre en termes à peine déguisés lors d'une réunion de délégués de classe. Julien, âgé de seize ans, aurait pu à deux titres s'inquiéter de cette imminence d'une intervention des forces de l'ordre, Non seulement cet adolescent consommait régulièrement du cannabis dans l'immense parc au sein duquel son établissement scolaire – un ancien château – était implanté, mais il se livrait de plus à la vente plutôt lucrative de ce produit auprès d'une quinzaine de ses condisciples. Apprenant que le vent menaçait de tourner défavorablement pour lui et quelques autres, il s'était pourtant contenté de hausser les épaules, sur le mode : « Causez toujours. On est trop bien organisés pour se faire attraper. » Julien poursuivait tant bien que mal sa scolarité. Il s'étonnait presque d'avoir des notes proches de la moyenne, étant donné le peu de soin – effets des « joints » et temps passé à s'approvisionner puis de « dealer » obligent – qu'il apportait à ses leçons et devoirs. Il est probable qu'il disposait de bonnes capacités intellectuelles ou / et que les « pétards » gênaient moins sa concentration et sa mémoire que chez d'autres fumeurs. Bref, il n'avait selon lui aucune raison de s'inquiéter. Les dix hectares de forêt et de buissons ceignant les bâtiments scolaires constituaient un « territoire » idéal pour vendre et « jointer ». Les clients et les compagnons de « fumette » de Julien étaient si nombreux que, pour satisfaire la demande de cannabis de tous les élèves du lycée – au moins un quart de l'effectif avait-il estimé –, une douzaine d'autres adolescents « officiaient » eux aussi à tour de bras. La végétation et la terre meuble servaient de caches aussi variées qu'indécelables.

Cet Éden pour *shitmen* était cependant menacé, même si Julien, les autres *dealers* et leurs « clients » n'en croyaient rien. La direction de l'établissement avait décidé de « décapiter » ce trafic, dont elle avait déduit l'existence au gré de plusieurs faits. D'abord, les enseignants et les surveillants remarquaient que de plus en plus d'élèves somnolaient, en cours comme dans les couloirs, au réfectoire et à l'extérieur. Les « explications » demandées aux intéressés ne suscitaient que des réponses aussi laconiques que fuyantes. Ensuite, lors des récréations et des heures creuses, de nombreux élèves, même lorsqu'il faisait froid ou / et pleuvait à torrents, se rendaient promptement dans les parties les plus touffues et les plus reculées du parc. Les surveillants avaient surtout remarqué que ces jeunes se scindaient rapidement en groupes de dix environ et que chacune de ces agrégations se hâtait systématiquement vers le même endroit. Immuablement, chaque « bataillon » comportait un élève qui, devançant les autres d'une vingtaine de mètres, inspectait les alentours à la manière d'un éclaireur. De la même façon, un autre élève, situé lui en « arrière-garde », se retournait fréquemment pour vérifier qu'ils étaient seuls. Les surveillants qui s'étaient risqués à les suivre avaient systématiquement été « grillés ». À chaque fois, le groupe « pisté » s'était éparpillé comme une voilée de moineaux avant, en toute vraisemblance, de se recomposer un peu plus loin. Ce petit monde se livrait de toute évidence à une activité prohibée, mais laquelle ? L'absence de filles dans ces groupes avait heureusement permis d'écarter l'hypothèse d'une victimisation où des adolescentes seraient entraînées à l'écart pour être sexuellement importunées, voire abusées. Le sourire à peine dissimulé de l'ensemble des élèves qui composaient ces groupes furtifs et, surtout, leur absence de blessures et le bon état de leur mise vestimentaire lorsqu'ils revenaient incitaient également à penser que leurs pérégrinations sylvestres n'étaient le théâtre ni de rackets ou d'autres sévices à l'encontre de « souffre-douleur » ni de bagarres « rituelles » entre bandes. Il ne s'agissait donc pas d'un *remake* de *La guerre des boutons* ! Enfin, quelques parents d'élèves avaient contacté le proviseur après avoir trouvé des bouts de résine de cannabis dans le cartable de leur progéniture… Les intéressés ne « traînaient » guère sur le trajet – effectué en car – qui séparait le lycée de leur domicile, ne fumaient jamais à la maison et n'avaient pas la permission de sortir après le dîner. Pères et mères en avaient déduit que le cannabis était consommé au sein même du lycée et insisté pour que le chef d'établissement prenne des mesures adéquates.

Julien et ses « comparses » n'ont rien vu venir. L'absence totale de surveillants pendant plusieurs jours d'affilée aurait dû leur mettre la puce à l'oreille. Au contraire, ils ont en ri et se sont dit : « Ils se sont rendu compte qu'ils ne pouvaient pas nous empêcher de faire du *business*. On les a eus à l'usure. Ils doivent être tous en arrêt maladie pour dépression nerveuse ! » Mauvaise explication : aucun surveillant ne s'était fait porter pâle. Se sachant repérés lorsqu'ils suivaient les groupes de fumeurs de cannabis et leurs vendeurs et ayant constaté que le jeu du chat et de la souris qui s'ensuivait ne tournait jamais à leur avantage, les surveillants ont changé leur fusil d'épaule. Ils sont arrivés au lycée bien avant l'ouverture de l'établissement, puis se sont embusqués dans les lieux de rencontre présumés – en combinant les directions précises par chacun des groupes et les limites du parc – des « jointeurs pèlerins »... Cette stratégie a été payante. Les surveillants cachés ont distinctement vu qui, au sein de chaque groupe, vendait et qui consommait. Ils ont aussi identifié plusieurs endroits où des quantités assez importantes de résine de cannabis étaient enterrées, enveloppées dans des feuilles de plastique.

Une fois ces renseignements transmis à qui de droit, le chef d'établissement a fait *illico presto* « sonner la charge de la cavalerie ». En substance, une dizaine de voitures de police se sont garées bruyamment devant le lycée, avec sirènes et gyrophares. Leurs passagers se sont ensuite rendus directement dans différentes classes pour, en plein cours, saisir, menotter et emmener les *dealers*, parmi lesquels Julien. L'opération a médusé par son caractère spectaculaire. Le proviseur, exaspéré par l'intensité du trafic de cannabis qui s'opérait dans son établissement et par la difficulté d'y mettre un terme, avait donné carte blanche aux forces de l'ordre au niveau du « style » de leur intervention. Il souhaitait que cette « visite » soit ostensible et intrusive, de façon à ce qu'un message s'imprime de manière durable et dissuasive dans les jeunes esprits : la loi existe ici comme sur le restant du territoire national et nous avons les moyens de la faire appliquer (en l'occurrence, d'en sanctionner sévèrement la transgression). Ce but a été pleinement atteint, mais trop excessivement pour être « assimilable » sur le plan psychologique. Peu après, des parents d'élèves et des personnels du lycée ont contesté l'aspect *cowboy* ou « Starsky et Hutch » de l'intervention policière, même si les faits, sur le fond, la justifiaient. Ils ont estimé que les jeunes fautifs ont été « cueillis » comme des terroristes détenant des otages ou s'apprêtant à faire sauter une bombe et ont critiqué fortement cette « pédagogie » de l'humiliation (vis-à-vis des élèves interpellés) et de la terreur (vis-à-vis des leurs condisciples). Ils auraient préféré que chaque élève arrêté ne le soit pas en public, mais après avoir été convoqué de façon préalable et discrète dans le bureau du proviseur.

Julien et ses camarades interpellés ont reconnu les faits. Vu les témoignages des surveillants et le cannabis ensuite saisi dans diverses caches, il aurait été vain et même dangereux de nier. Ces jeunes ont tous fait l'objet d'une comparution immédiate devant le juge et, dans le même temps, ont été exclus définitivement du lycée. Le fait qu'ils soient tous mineurs, leur franchise et leur absence d'antécédents judiciaires ont joué en leur faveur au tribunal. Aucune peine de prison ferme n'a été prononcée contre eux. Les sanctions ont consisté en des peines de Travail d'Intérêt Général (TIG)[3], assorties de mesures d'obligation de soins (sous la forme d'un suivi psychologique ou / et éducatif). C'est dans le cadre de celles-ci que j'ai rencontré Julien, deux mois environ après son arrestation. L'adolescent oscillait entre le chagrin et la colère. Il se tenait la tête à deux mains et ressassait plaintivement : « Les “flics” n'auraient pas dû nous choper et nous attacher devant les autres », tout en admettant qu'être interpellé faisait partie des « risques du métier » de vendeur de drogue. Julien ne savait pas que la police avait le droit d'intervenir à l'intérieur d'un lycée.

3. Ainsi, Julien a dû effectuer huit semaines de travaux d'entretien (peinture, jardinage, etc.) dans plusieurs associations locales.

Plusieurs entretiens ont été nécessaires pour que ce jeune puisse s'exprimer et prendre un peu de distance avec l'impact émotionnel des circonstances de son arrestation. Au début de cette prise en charge, j'ai bien sûr dit clairement à l'adolescent que le contenu de nos entretiens serait étanche en terme de secret professionnel, que nos rencontres étaient la conséquence d'un partenariat bien compris et non d'une collusion ou d'un mandat – sur le mode d'une sous-traitance – avec les services de justice. Je lui ai rappelé le proverbe rural : « Chacun à sa place et le troupeau sera bien gardé. » Parallèlement à cela, l'association des parents d'élèves du lycée et une partie des enseignants ont obtenu du chef d'établissement la tenue d'une réunion destinée, à la lueur de ce qui venait de se passer, à convenir de modalités plus subtiles en cas de recours aux forces de l'ordre. Judicieusement, l'assistante sociale et l'infirmière scolaires ont profité de cette rencontre pour lancer l'idée – dans une optique d'action sanitaire et non d'« innocentation » des élèves interpellés et de leurs acheteurs[4] – d'une réflexion avec les élèves (intéressés) sur les effets du cannabis et les « motivations » des jeunes qui en consomment. Ces dames ont sollicité notre équipe et la pâte a pris. Une dizaine de jeunes sont venus dans nos locaux, à plusieurs reprises. Nous leur avons fourni des informations et de la documentation. À la fin de l'année scolaire, ces élèves ont installé une exposition dans le hall du lycée, assortie d'un débat où un éducateur et moi-même avons répondu à des questions d'élèves, de parents et de professionnels à propos des usages et des usagers de « joints ».

4. Ces derniers, « simples » consommateurs de cannabis, n'ont pas fait l'objet de poursuites pénales mais de mesures judiciaires d'injonction thérapeutique, qui s'est traduite par un ou plusieurs (selon leur rapport au produit) entretien(s) psychoéducatif(s) en alternative à une condamnation (et non en plus de cette dernière comme dans le cas de Julien). Notre équipe a reçu plusieurs dizaines de ces jeunes, souvent accompagnés par leurs parents. Sur le plan scolaire, ils furent temporairement exclus, pendant trois jours, du lycée.

L'existence de cette action de prévention et le fait que l'association où je travaille y soit partie prenante ont eu des incidences positives sur le devenir psychologique de Julien. L'adolescent a peu à peu « digéré » la honte intense qui, selon ses mots, l'avait « détruit » lorsque les policiers l'ont menotté en classe. En effet, « on » pouvait désormais associer le nom de son lycée et le mot « cannabis » sans penser automatiquement à l'intervention policière dont il avait, avec quelques autres, fait les frais. Julien a pu dès lors avancer dans la compréhension de sa consommation régulière de « joints ». S'il en fumait tous les jours – et depuis plus d'un an –, c'est précisément parce qu'il souffrait d'une hypersensibilité au regard (au sens large : oculaire, mais surtout verbal) que les autres portaient sur lui. Il redoutait par-dessus tout qu'on se moque de sa silhouette chétive, de son maniement médiocre du langage et de la situation sociale modeste et problématique dans laquelle se trouvaient ses parents, ouvriers au chômage. L'idée qu'on puisse l'humilier – camouflée sous une réelle facilité à entrer en contact – l'angoissait en permanence. Il recherchait les effets calmants du cannabis pour « gérer » cette crainte, que les conditions de son interpellation par la police avaient décuplée ! J'ai suivi Julien pendant près d'un an, à raison d'un entretien toutes les deux semaines. À la fin de nos rencontres, il s'était réinscrit en Seconde dans un autre lycée, où il travaillait correctement. Il était surtout parvenu à faire face à ses difficultés psychologiques sans se ruer sur le *shit*, dont il faisait à présent un usage très ponctuel et dont il entrevoyait l'arrêt total. Conjuguée aux sanctions judiciaires, cette forte diminution de sa consommation (et donc du coût correspondant) avait supprimé en lui toute envie de vendre du cannabis.

Le coût du cannabis

Ce n'est un secret pour personne, y compris pour les parents des jeunes qui en consomment : le cannabis n'est pas gratuit. Pour en acquérir, il faut bourse délier.

Certes, lorsqu'un adolescent se contente de fumer de temps en temps, une à deux fois par mois par exemple, quand il fait la fête avec des amis, il arrive – surtout s'il est le plus jeune et qu'on le trouve « sympa », boute-en-train, bref quand le petit groupe en a fait sa « mascotte » – qu'on lui donne de la résine de cannabis, voire un « pétard » prêt à fumer. Dans la mesure où la consommation est alors occasionnelle et qu'elle ne connote aucune souffrance psychologique particulière, le pouvoir d'achat de l'adolescent demeure ici intact. Au pire, ses copains pourront au bout d'un certain temps – surtout s'il a eu une petite rentrée d'argent (anniversaire, job d'été) – lui demander gentiment de mettre à son tour la main au porte-monnaie pour financer la barrette de *shit*, soit quinze euros en moyenne, qui permettra de confectionner la demi-douzaine, voire la dizaine, de « bédos » destinés à être consommés par le petit groupe – individuellement ou / et sous la forme du « joint » qui tourne – le temps d'une soirée. Puis ce sera à un autre jeune de payer ce que les buveurs d'alcool appellent « la tournée », etc. Là encore, on ne pourrait parler d'hémorragie financière.

Le problème – bien connu des personnes qui consomment immodérément du tabac ou / et de l'alcool – est qu'en cas d'usage régulier l'adolescent ne peut plus compter sur la générosité de ses pairs pour payer sa consommation. Il passe même rapidement pour un « tapeur » ou un « gratteur » que l'on s'écarte sèchement et qui devient catalogué comme tel par ses anciennes fréquentations. Ajoutons à cela le phénomène bien connu de l'accoutumance, à savoir que, même en l'absence de dépendance physique, le consommateur régulier de cannabis a tendance à s'habituer aux effets du produit et, donc, à en fumer davantage pour ressentir les effets recherchés. Face à cela, les « solutions » que bricole le fumeur quotidien, voire multiquotidien, de « joints » pour limiter l'inévitable abrasion de son pouvoir d'achat ne sont pas indénombrables.

Premier cas de figure : la totalité de l'argent de poche ou / et de l'argent mis de côté sur un compte bancaire est dépensée. Adieu les projets qui tenaient le jeune à cœur et dont la préparation patiente allait dans un sens constructif et valorisant : acheter un scooter, offrir un bijou à sa petite copine, faire un stage de *rafting* dans les gorges du Verdon, prendre des leçons pour passer le permis de conduire, etc.

Second cas de figure : l'adolescent vend (à prix très cassés, de sorte qu'il se fait systématiquement « avoir ») des objets (vêtements, rollers, jeux vidéo, CD, DVD, etc.) qui lui appartiennent… ou pas ! Si ces larcins portent sur des objets appartenant aux parents, ceux-ci découvrent souvent le « pot aux roses » et les explications qui s'ensuivent sont rarement sereines, ce qui grève la possibilité d'un dialogue au sujet de la consommation de cannabis. Et si ces indélicatesses s'exercent à l'encontre d'autres jeunes ou de commerçants, les ennuis sont là encore au rendez-vous, sous la forme de « bastons » ou d'interventions des forces de l'ordre (parfois elles aussi contondantes…). Dans tous les cas, n'oublions pas, si l'adolescent a accumulé un « découvert » important auprès d'un ou plusieurs *dealers* qu'il n'est plus en capacité de rembourser, les « pépins » surviennent à très court terme, d'autant plus que l'intéressé se défend généralement – par peur ou / et honte ou / et fierté – d'expliquer franchement la situation à ses parents et de dénoncer à la police le ou les vendeurs de *shit* qui lui demandent des comptes.

On pourra certes nous objecter qu'une consommation même intensive de cannabis est moins ruineuse qu'une toxicomanie à l'héroïne ou à la cocaïne, dont le financement peut nécessiter plusieurs centaines d'euros par jour. Mais se procurer une barrette par jour (pour confectionner six à dix « pétards » contenant chacun un demi-gramme de résine de cannabis) revient quand même – y compris lorsque l'on achète en gros, ce qui est souvent le cas des fumeurs réguliers – au minimum à deux cent cinquante euros par mois (auxquels s'ajoutent le prix du tabac et du papier à rouler). Cette somme est considérable quand on ne dispose pas d'autre revenu que de son argent de poche, dont l'existence n'est même pas garantie lorsque la famille a de faibles revenus ou / et que l'adolescent a durablement « torpillé » la confiance parentale sur ce point ! Ce « poste de dépenses » pose également problème lorsque le jeune gagne lui-même sa vie. S'il est apprenti et vit chez ses parents, toutes ses indemnités d'apprentissage (dans tous les cas très inférieures au SMIC) risquent d'y « passer ». Et même s'il touche un salaire suffisant pour envisager de « prendre » un appartement, il risque à brève échéance de devoir rendre les clés au propriétaire quand il s'apercevra que l'argent qu'il consacre au cannabis l'empêche de faire face aux impondérables (loyer, charges, etc.) inhérents à l'autonomie économique. C'est alors le « repli » peu glorieux chez les parents, à supposer que ceux-ci veuillent bien ou qu'ils aient la possibilité matérielle de l'héberger de nouveau !

Troisième cas de figure, le fumeur régulier de « joints » vend à son tour du cannabis pour financer sa propre consommation. En cas de dénonciation ou / et d'interpellation policière, les conséquences sont sévères : dans tous les cas, le délit donne lieu à une condamnation par le tribunal – avec inscription au casier judiciaire (très embêtant pour travailler dans certaines administrations et dans certains secteurs d'activité tels que la sécurité, etc.) – et cette décision de justice se traduit par une amende (calculée en fonction de la quantité vendue, qu'elle ait été découverte, reconnue par l'intéressé ou encore estimée par les enquêteurs en prenant renseignements auprès des clients) ou / et par une peine d'emprisonnement, ferme ou / et avec sursis. Rappelons également qu'en matière de sanction pénale la loi française relative aux produits stupéfiants applique – au moins dans les textes – le même « tarif » en cas de « trafic » (vente, recel, cession, importation, fabrication), qu'il s'agisse de cannabis, d'héroïne, de cocaïne ou d'ecstasy. La distinction que de nombreux concitoyens font entre « drogues douces » et « drogues dures » n'a pas cours dans le Code de Procédure pénale. Dans les faits, un magistrat peut être enclin à atténuer une sanction s'il s'agit d'une première infraction à la loi sur les stupéfiants (ILS), rien ne l'oblige à faire preuve de mansuétude.

Les « embrouilles » de Marc

Chacun des trois cas de figure qui viennent d'être détaillés n'exclut malheureusement pas les autres. C'est ce que montre l'exemple de Marc, âgé de vingt et un ans et ouvrier chauffagiste. Trouvé en possession de cent grammes de résine de cannabis lors d'une interpellation au domicile de ses parents – sur fond de dénonciation donc –, ce jeune homme a été condamné à purger une peine de prison ferme de trois mois et à verser à la justice une somme correspondant à la valeur marchande de la quantité de produit saisie plus à celle que les gendarmes ont estimé à partir des dépositions de consommateurs auxquels il vendait. Le tout dépasse mille euros. Lorsque je le reçois, Marc est toujours sous main de justice. Il est tenu, dans le cadre d'une mesure dite d'obligation de soins, de me rencontrer régulièrement, à une fréquence que nous avons fixée ensemble (une fois toutes les deux semaines). Au cours de nos entretiens, il est tour à tour taciturne et révolté, passant facilement d'un état à l'autre : « Je fume plusieurs "joints" par jour et c'est comme ça depuis des années. J'en ai besoin pour ne pas être énervé, quelles que soient les circonstances. Comme j'aime les effets du produit, je ne me suis jamais posé de ques-

tions sur le “pourquoi” de ma consommation. Avec le cannabis, je suis bien, point barre. Je n’aime pas l’alcool et ça ne me calme pas du tout, mais si je picolais je n’aurais pas eu tous ces ennuis[5]. La loi est déséquilibrée. Dans ce pays, on laisse les “pochetrons” tranquilles et on prend la tête des fumeurs de “pétards”. C’est injuste. Rien que cela, ça ne me donne pas envie d’essayer d’arrêter. Je continue de fumer. Le contrôleur judiciaire m’engueule à chaque fois qu’il voit les résultats des analyses de sang qu’on m’oblige par ailleurs à effectuer (à mes frais), mais tant pis. J’ai trop la haine. Si ça ne leur convient pas, qu’ils me flanquent en taule. J’y ai survécu sans problèmes une première fois, alors… »
Marc est lucide en ce qui concerne la cascade de problèmes qu’il s’est créés. Tout a commencé lorsqu’il s’est aperçu, il y a deux ans, que ses indemnités d’apprentissage (depuis, il a obtenu son BEP et travaille à temps complet) ne suffisaient pas à couvrir les frais de sa consommation quotidienne : « Je connaissais les risques. Je n’arrive pas de la planète Mars, même si ça s’écrit comme mon prénom à une lettre près ! Les gars qui se sont fait “pincer” pour avoir vendu du “teuchi”, tout le monde en connaît autour de moi. Mais voilà, j’ai eu la possibilité de faire du “business” grâce à un copain qui m’a expliqué toutes les ficelles : comment sélectionner les clients, sentir quand on peut leur faire crédit et quand il faut “secouer” les mauvais payeurs, trouver des cachettes pour le *shit*, couper le produit pour augmenter les “bénéfs” tout en proposant un truc d’une qualité suffisamment bonne pour que le client ne se sente pas grugé, etc. Ainsi parrainé, ça s’est amorcé facilement, d’autant plus que je n’ai jamais “pratiqué” à temps plein. Je vendais le soir et les week-ends. J’ai passé le permis de

5. Mon interlocuteur omet le fait que la consommation d’alcool est réglementée. Même s’il buvait au lieu de « jointer », un usage au moins régulier d’alcool l’aurait sur la route exposé à être contrôlé positif à l’alcootest et, donc, à avoir là aussi affaire à la justice (certes pas sous la forme d’un emprisonnement, à moins d’avoir causé un accident grave en conduisant en état d’ivresse).

conduire dès ma majorité et j'ai "hérité" au même moment de la voiture de mon père, qui venait d'en changer. Être mobile m'aidait énormément dans cette activité. Dès que ça devenait louche quelque part, j'allais "patrouiller" ailleurs. À la fin, je tournais surtout dans les villages proches de l'agglomération. C'est beaucoup moins surveillé que dans les cités, les ados y ont plus de "thunes" que les "lascars" des HLM et on risque assez peu d'avoir des ennuis avec une bande car les jeunes traînent moins. Le comble, c'est que la vigilance dont je devais faire preuve m'avait permis de stabiliser, et même de diminuer, ma propre "conso" ! Je ne mettais pas beaucoup d'argent de côté, mais bon, ça m'évitait de voler mes "vieux" ou dans les magasins. De toute façon, je suis vacciné contre la "chourave". Quand j'avais quinze ans, j'ai piqué de l'argent à ma mère en me servant de sa carte de crédit. J'ai pris une telle "rouste" par mon "daron" que ça m'a passé l'envie de "piquer". »

L'arrivée des gendarmes dans le pavillon familial et le cannabis alors saisi ont mis en rage les parents de Marc : « Ils m'en ont tellement voulu qu'ils ne sont pas venus me rendre visite en prison. J'en ai beaucoup souffert. Heureusement que le médecin m'a prescrit (plutôt généreusement) des "médocs". Les cachets ne valent pas le *shit*, mais ça m'a permis de supporter la détention sans être trop énervé. Vous savez, la prison, on pourrait appeler ça "la cage aux fioles[6]". En sortant, j'ai vite retrouvé du boulot et ça un peu calmé mes parents, mais ils évitent de m'adresser la parole, sauf pour me demander : "Quand est-ce que tu partiras ?" Nos dîners ressemblent à des assemblées de momies ou à une scène du musée Grévin, mais je sais que je ne peux m'en prendre qu'à moi-même. »

6. Les détenus surnomment « fiole » le verre dans lequel les médicaments psychotropes, alors dilués, leur sont servis, même si les cachets à avaler – certes à l'aide d'un verre d'eau – prévalent désormais sur les substances solubles. Saluons au passage la qualité du trait d'esprit dont fait preuve le patient.

Ce jeune homme a cessé de vendre du cannabis : « J'ai pris pas mal de sursis et je n'ai pas envie de retourner derrière les barreaux. C'est mon épée de Damoclès. Je suis donc obligé de “claquer” une partie de ma paie pour continuer à fumer. Je dois aussi payer l'amende par mensualités. Au total, ma marge de manœuvre financière est très limitée et ça m'empêche de décoller de chez mes parents. Le bilan n'est pas formidable. »

Lors de nos rencontres les plus récentes, j'ai valorisé la capacité de Marc à occuper un emploi stable malgré son ressentiment et sa consommation toujours problématique. Cette prise en charge se poursuit. Les rendez-vous assez rapprochés que je lui fixe lui permettent à présent, une fois reconnu qu'il est psychologiquement dépendant du cannabis, de commencer à interroger les circonstances et les fondements douloureux de son intoxication chronique. Mais ceci est une autre histoire.

La qualité incertaine du produit

À la différence du buveur d'alcool, le fumeur de cannabis ne dispose d'aucune information labellisée concernant le produit qu'il consomme. Lorsqu'elle est conditionnée sous forme de résine, la substance peut être adultérée de trois manières, volontaires ou non.

Tout d'abord, il arrive que la concentration de THC soit anormale par rapport à ce que les consommateurs ont l'habitude de ressentir en terme d'effets. Lorsqu'elle est trop faible, le *shitman* ne parvient pas à « décoller ». Il s'est à coup sûr fait « gruger » par le revendeur, qui a plus ou moins largement coupé le produit. Lorsque cette concentration est trop forte, le fumeur même chevronné risque un état de sédation prononcé, des crises d'angoisse ou encore un « effet parano ». Histoire de compliquer la chose, comme on l'observe lorsque plusieurs personnes ingurgitent la même quantité d'alcool, des cigarettes identiquement « chargées » en résine de cannabis qui provient de la même barrette ne produisent pas toujours des effets identiques selon les personnes. Qu'on s'en plaigne – parce que ça empêche de « jointer » intensément – ou qu'on s'en réjouisse – pour la même raison, car ça fixe alors une limite ! –, les individus sont, pour des questions d'ordre génétique, inégaux dans leur réaction aux molécules psychoactives contenues dans le cannabis.

Rappelons enfin que depuis le développement de la culture locale du cannabis, principalement aux Pays-Bas mais aussi en Allemagne, en Suisse et en France, la teneur moyenne du « joint » en THC est plus élevée qu'il y a dix ou vingt ans. Le produit tend à « casser » davantage. C'est ce qui est arrivé à Karine.

Karine a été « décalquée » par l'intensité d'un « pétard »

Cette adolescence âgée de dix-huit ans m'est adressée par un conseiller principal d'éducation (CPE) de son lycée, qui l'a trouvée comme « dans le gaz », recroquevillée dans un couloir. La jeune fille raconte : « J'aime fumer du cannabis quand je suis en soirée, mais sans plus. Le “joint” tous les jours, non merci. Je connais trop de jeunes qui trouvaient ça amusant au début et qui ont maintenant beaucoup de mal à arrêter. Je ne prends pas non plus du *shit* pour être “foncedée”. J'ai besoin de me détendre et de rire plus facilement, c'est tout. Pour cette raison, j'ai toujours refusé d'utiliser un “bang”. Je n'ai pas envie de tomber dans les pommes ni qu'éventuellement des “malsains” profitent sexuellement de ma torpeur. Je sais qu'une “tournante”, ça commence parfois de cette façon. En fumant de manière épisodique du cannabis, et jamais plus d'un “pétard” à chaque fois, je croyais avoir mis toutes les précautions de mon côté pour éviter un “mauvais délire”.

Pourtant, la dernière fois, j'ai “dégusté”. Alors que j'ai l'habitude de garder les idées à peu près claires, j'ai été prise de maux de tête et de vertiges, puis j'ai vomi. Mes amis se sont inquiétés, mais sans prêter véritablement attention à mon état. Comme on avait fumé la même barrette, il est probable qu'ils ont été eux aussi plus secoués qu'à l'ordinaire. Heureusement que je ne suis pas évanouie ou que je ne suis pas devenue folle ! Mais le pire était à venir. Une heure après, j'ai eu l'impression que tout le monde disait des choses méchantes sur moi et projetait de me faire un mauvais sort, par exemple me balancer par la fenêtre. La parano intégrale, quoi ! Dieu merci, ça n'a pas duré longtemps (je croise les doigts) et puis je me suis endormie comme une masse. Dans notre petit groupe, ceux qui vont "pécho" pour les autres demandent toujours au *dealer* de bien les "servir", mais là on a été gâtés au-delà de toute attente. Le *shit* était beaucoup trop fort. Je pense que le gars qui nous l'a vendu le cultive lui-même et avec une efficacité redoutable, car je n'avais jamais pris une "baffe" pareille. Mais peut-on vraiment en vouloir à ce type ? Il a la réputation de vendre du bon produit, c'est-à-dire pas coupé, et il lui est impossible d'inscrire sur la barrette "pourcentage de THC égal à tant..." ».

« Les consommateurs d'alcool savent sans ambiguïté s'ils boivent quelque chose de doux, comme le cidre, de moyen, comme la bière et les vins de table, ou de très fort, comme le pastis ou la vodka. C'est écrit et certifié sur la bouteille. On peut calculer qu'une canette de ceci contient autant d'alcool qu'un verre de cela. Nous, les fumeurs de "joints", on navigue dans le brouillard, et parfois dans tous les sens du terme ! La preuve, c'est que le lendemain, au lycée, j'avais encore un peu de mal à tenir sur mes jambes. Question concentration, je n'ai rien "imprimé" de la journée. Une copine a dû me refiler une photocopie de ses notes de cours. Cette mésaventure m'a donné à réfléchir sur la fiabilité des effets du cannabis par rapport à ce que l'on peut supporter et sur le fait qu'un "bédo" féroce a des effets prolongés au-delà du cadre de la fête. Si je n'étais pas majeure, la CPE aurait prévenu mes parents et cela m'aurait valu une demande d'explications plutôt gênante. Je pense donc que je vais essayer de faire la fête sans "pétards". J'inviterai mes amis à m'imiter, au moins une fois. Après, si certains veulent continuer à "jointer", ce sera leur problème. »

Ensuite, et cela se produit très fréquemment, le cannabis peut être adultéré par coupage. De la paraffine, du cirage et du henné et, plus rarement, des solvants, de l'huile de vidange, de la sciure, des médicaments ou de l'avocat ou encore des excréments d'animaux… sont employés à cet effet. Ce procédé donne souvent lieu à des effets secondaires tels que maux de tête, nausées et irritations de la gorge. Il est voué à régresser du fait de la surabondance du produit au niveau de l'offre et de l'exigence des consommateurs, qui font de plus en plus jouer la concurrence entre les *dealers*, mais il est probable qu'il ne disparaîtra jamais tout à fait et qu'il prendra simplement des formes moins décelables.

Manuel a fumé de la « daube »

Manuel est âgé de vingt-trois ans et demandeur d'emploi. Il fume occasionnellement du cannabis et se souvient : « Cela faisait plusieurs semaines qu'on avait du mal à trouver du *shit* dans le quartier. Les deux frères à qui j'en achète étaient devenus injoignables. J'ai su un peu plus tard qu'ils avaient été interpellés par la police. Ils ont eu de la chance, car ils n'avaient presque rien sur eux à ce moment-là. Ils ont dit aux "keufs" qu'ils consommaient de temps en temps et qu'ils allaient sur Paris pour en acheter, histoire de ne pas devoir inventer des noms à "balancer". En réalité, non seulement ils vendent eux-mêmes, mais en plus ils approvisionnent tout le quartier – où ils ont le monopole – et depuis longtemps. Leur baratin est passé à l'as ; ça montrait au moins qu'ils n'avaient pas été dénoncés. Ils ont quand même décidé, par prudence, de ne plus vendre pour le moment ; on ne sait pas exactement pendant combien de temps. Mais c'est secondaire, juste pour vous planter le décor. J'ai dû changer mes habitudes et aller "pécho" auprès d'autres *dealers*. Pour cela, j'ai marché sans me presser et sans "faire le pingouin[7]", tout en laissant distraitement traîner mes yeux Un trio de "lascars" assis sur un banc de square a remarqué mon manège – on déambule tous de cette façon quand on veut montrer qu'on cherche du cannabis – et m'a proposé une barrette. J'ai dit "OK". J'ai payé sans trop regarder le *shit* et je suis parti aussitôt. Je n'avais pas envie de "taper la discute" avec ces types. Je ne les connaissais pas et ils m'avaient juste servi de roue de secours. »

« Deux jours plus tard, quand j'ai "jointé" avec mes copains, j'ai compris que je m'étais fait avoir. Je m'en suis douté dès que j'ai enlevé le papier "alu". Je ne suis même pas sûr qu'il y avait un seul atome de cannabis dans ce truc caoutchouteux et carbonisé qui puait le cirage ! On aurait dit un bout de pneu ou d'élastique de lance-pierres, et peut-être que c'en était ! Du coup, j'ai préféré ne pas fumer. Sûr que la "béatitude" n'aurait pas été au rendez-vous et que ça m'aurait rendu malade. Mes potes ont râlé, car personne d'autre n'avait de *shit*. Ils avaient compté sur moi pour nous fournir ce soir-là. Personnellement, je peux faire la "teuf" sans "pétards" (c'est moins bien, mais bon...), mais pas mes copains. En particulier, il y en a deux qui fument tous les jours et qui sont peut-être "accros", même si je ne sais pas au juste (j'évite de leur poser ce genre de questions, car ils s'énervent facilement et de toute façon ce n'est pas mes oignons). Autant dire que ça a fichu une mauvaise ambiance. On a passé une partie de la nuit à tourner en voiture dans le quartier pour essayer de mettre la main sur les "bouffons" qui m'ont refilé

7. C'est-à-dire, en argot adolescent, sans osciller ostensiblement latéralement du tronc, de la tête et des bras pour en imposer. Cette expression semble avoir remplacé celle, vieillissante, de « rouler des mécaniques ».

cette “daube”. Je comptais récupérer mon fric et les plus agités du groupe avaient envie de les “boxer”. C’est clair que ces petits malins ont profité du retrait des frangins et se sont lancés dans le *business* pour se faire un “max” de blé en très peu de temps. On ne les a pas retrouvés. Le lendemain, un voisin m’a dit que leur voiture était immatriculée dans le département d’à côté. S’ils sont venus jusqu’ici, c’est que quelqu’un – un cousin par exemple – a dû les prévenir qu’il y avait un “coup” à faire chez nous. Quand ils ont senti qu’ils étaient grillés dans le coin, ils se sont tirés sans attendre les “réclamations”. La fin de l’histoire, c’est qu’on a été forcés de se déplacer dans des coins qu’on ne connaissait pas pour trouver du *shit* correct. On y est arrivé, mais en traînant dans une cité encore plus malsaine que la nôtre et, surtout, en “claquant” nettement plus de “thunes” sans pouvoir se plaindre ; ça a dû se savoir que là où on habite il n’y avait plus de *shit* et du coup, les prix ont grimpé aux alentours. Nos fournisseurs habituels devraient bientôt se remettre au “taf” et tout va rentrer dans l’ordre, mais ça m’a donné à réfléchir. Quelle garantie j’ai que les deux frères ne vont pas me “carotter” un jour eux aussi ? Si ça doit se produire, comme ils ne sont pas du genre ni à se laisser intimider par leurs clients ni à tolérer de la concurrence sur leur “territoire”, je devrai certainement cesser de fumer des “joints”. Je peux vivre sans, mais je ne suis pas un rat et je pense à ceux de mes potes qui “jointent” en continu. Comment feraient-ils ? Je n’ai pas envie qu’ils s’embarquent à leur tour dans le *business* pour être sûrs de pouvoir fumer plusieurs “pétards” tous les jours. »

Enfin, toujours à l’insu du consommateur, il arrive que des substances psychoactives dont les effets sont plus intenses soient ajoutés à la résine de cannabis. On sait que ce procédé alimente l’inquiétude de certains parents, sur le mode : « Je suis sûr(e) que l’on met de la “drogue dure” dans le cannabis pour rendre les jeunes dépendants. » Heureusement, il est en réalité très rare. Ainsi, le Black Bombay, ce haschich noir coupé à la cendre d'opium, en provenance des fumeries indiennes et que l'on trouvait jusqu'en Europe dans les années 1970, appartient au passé. Il est plus fructueux d'utiliser les opiacés pour fabriquer de l'héroïne. Les traces de cocaïne ou d'héroïne parfois décelées dans le cannabis ne sont donc pas le fruit d'une stratégie machiavélique pour rendre « accro », mais de contacts accidentels avec ces produits lors de manipulations manuelles telles que la confection et l'emballage. Aucun *dealer* n'a intérêt à placer une drogue beaucoup plus coûteuse que la résine de cannabis dans cette dernière[8]. *Business* oblige, la tendance est plutôt – comme nous l'avons vu – au coupage (avec une ou plusieurs substances non psychoactives) si l'acheteur est ponctuel, à un produit de qualité – c'est-à-dire pas ou peu coupé et bien dosé en THC – si l'acheteur est régulier et à la proposition directe par le revendeur d'autres substances – dont les effets plus « costauds » sont alors vantés – lorsque l'acheteur semble avoir fait le tour des sensations procurées par le cannabis.

Les accidents psychiatriques

Le fait est à présent validé sur le plan scientifique, le cannabis – en raison de ses effets psychodysleptiques[9], surtout s'il est consommé à forte dose – peut constituer une porte d'entrée, certes parmi d'autres, dans la maladie mentale, soit ponctuelle (bouffées délirantes), soit chronique (troubles schizophréniques). Pour cette raison, je reçois de temps à autre des fumeurs de cannabis – pas forcément « accros » au produit d'ailleurs – dont la

8. C'est comme si un poissonnier farcissait ses produits avec du caviar !
9. C'est-à-dire qui modifient la qualité même des perceptions, soit par illusion (le sujet perçoit différemment une chose – objet, son, odeur – qui existe), soit par hallucination (le sujet perçoit une chose qui n'existe pas).

santé mentale est si préoccupante qu'ils relèvent surtout d'une prise en charge psychiatrique. Dans presque tous les cas, la « folie » de ces sujets a été révélée, et non engendrée, par la consommation de cannabis.

La plupart de ces fumeurs de « joints » sont des adolescents ou de jeunes adultes qui ont déjà été hospitalisés en milieu psychiatrique avant de me venir me voir. Nos rencontres sont souvent l'occasion pour eux de mettre des mots sur leur vécu de l'hospitalisation : un lieu pour décompresser après avoir « décompensé », voire qui leur a permis de faire un pas de côté par rapport à un environnement familial irrespirable, leurs rapports avec l'équipe soignante, la promiscuité avec les malades mentaux chroniques et l'attitude de leur famille. Une bonne partie de ces sujets a refusé d'être ensuite suivie à l'extérieur par un psychiatre. Compte tenu de l'ampleur de leur fragilité psychologique, j'insiste longuement sur l'intérêt, voire la nécessité, pour eux de bénéficier d'un tel accompagnement. Comme pour les autres fumeurs de « pétards », je cherche à évaluer leur rapport au risque en général et, notamment, à savoir s'ils sont ou ont été consommateurs des substances psychoactives les plus désorganisantes sur le plan mental (LSD, ecstasy), en plus du cannabis. Lorsque ces personnes consultent régulièrement au sujet de leur usage de cannabis, je suis en position de détecter les signes d'une « rechute » et, donc, de les ré-adresser en milieu spécialisé. Surtout, j'ai la possibilité d'argumenter à partir d'un cadre institutionnel qui rend cette orientation moins angoissante.

Ce cas de figure vaut également pour les fumeurs de cannabis jusqu'alors étrangers au milieu psychiatrique mais dont la santé mentale (confusion, délire, etc.) constitue un motif d'hospitalisation immédiate. Là encore, il s'agit essentiellement d'adolescents et d'adultes jeunes. Par contre, ces personnes ne se présentent jamais spontanément. Elles sont toujours amenées par leur entourage, familial ou conjugal, qui a pris rendez-vous dans l'urgence avec moi et qui met une symptomatologie inquiétante sur le compte des effets psychoactifs du produit. Ma pratique de l'évaluation du rapport psychologique au cannabis et aux autres substances psychoactives d'une part, du travail avec l'usager et son entourage sur les risques liés aux usages de drogues et sur les représentations que chacun nourrit à ce sujet d'autre part m'aide ici dans une certaine mesure à distinguer ce qui, parmi les symptômes du jeune, peut être attribué aux effets du cannabis et ce qui est manifestement étranger à ces derniers. Difficile sur le plan technique, cet exercice requiert en outre de faire preuve de tact extrême et de pédagogie patiente vis-à-vis du patient et de ses proches, lesquels « tombent de haut » lorsqu'ils apprennent que, si l'intéressé n'est pas toxicomane, il entre en revanche dans la maladie mentale. À cet effet, l'institution où je travaille entretient des liens de travail avec les structures de santé mentale (hospitalière et ambulatoire) locales, afin d'améliorer la capacité de notre équipe à convaincre un fumeur de « joints » en grande difficulté psychique et ses parents d'engager rapidement des soins psychiatriques. Deux observations vont me permettre d'illustrer ces considérations.

La bouffée délirante d'Amélie

Amélie, âgée de dix-sept ans, vient me voir sur le conseil appuyé d'une assistante sociale scolaire. Ses parents l'accompagnent. Depuis trois jours, elle tient des propos étranges, véhéments et d'allure mystique et elle refuse d'aller au lycée. Son entourage se demande si elle n'est pas sous l'influence d'une secte. Au cours d'un entretien ardu et long, je parviens à convaincre cette jeune fille et son entourage de se rendre au plus vite à l'Unité d'Accueil d'Urgences (UAU) de l'hôpital psychiatrique le plus proche. Je reçois ensuite ses parents seuls pour leur expliquer qu'elle vit un moment de folie, évoquant ce que la médecine qualifie de « bouffée délirante ». Le père et la mère d'Amélie sont abasourdis. Ils la décrivent comme une adolescente pleine de vie, avec qui la communication est plutôt facile et qui n'a jamais eu de graves problèmes de santé. Une fois hospitalisée, le délire de la jeune fille a été rapidement « éteint ». À sa sortie, le psychiatre qui l'a soignée lui a prescrit un traitement léger – de façon à prévenir un nouvel accident psychique tout en lui permettant de reprendre sa scolarité sans être « assommée » – et lui a conseillé d'entreprendre une psychothérapie avec une collègue dans un centre médico-psychologique, démarche à laquelle elle a adhéré sans hésiter. Quelques mois ont passé, puis Amélie s'est présentée pour me « donner de ses nouvelles » (entre temps, ses parents – sur ma proposition – m'avaient téléphoné plusieurs fois pour me tenir informé de son évolution).

Jusqu'ici, il n'a pas encore été question de cannabis. Mais c'est précisément pour aborder ce point que la patiente a souhaité me revoir. Elle me révèle alors que, six mois avant sa « sortie de route » par rapport à la réalité, elle avait commencé à fumer des « joints » et, surtout, que cette consommation était devenue quotidienne au bout de trois mois. Les effets du produit ne semblent pas étrangers au déclenchement de sa bouffée délirante. Amélie établit elle-même un lien de cause à effet : « Ma meilleure copine, qui "jointe" aussi, m'a mise au défi de fumer une barrette de *shit* en une soirée, c'est-à-dire au moins six "pétards" bien chargés alors que je n'étais jamais allée au-delà de deux. Je pensais que je risquais seulement de très bien dormir après. C'est ce qui s'est passé, mais il y a eu un imprévu : je me suis sentie "différente" en me réveillant. Certes, j'ai toujours eu beaucoup d'imagination. J'en rajoute même en lisant des romans d'épouvante et de science-fiction. Mais là, je ne maîtrisais plus du tout le truc. C'est comme si ma consommation record de cannabis avait ouvert des vannes dont le contenu redoutable m'a submergée. Je me suis souvenue de ce que Nerval avait décrit dans *Aurélia* au début d'une de ses crises de folie : "l'épanchement du songe dans la vie réelle". La suite, vous la connaissez. »

Amélie n'a jamais parlé de ses « fumettes » – y compris celle qui a concouru à lui faire perdre pied – à ses parents et a elle répondu par la négative au psychiatre de l'hôpital qui l'a questionnée au sujet d'un éventuel usage de drogues. Une chose est sûre : l'horreur psychique qu'elle vient de vivre l'a dissuadée de fumer de nouveau le « bédo », même de façon occasionnelle. Je prends avec satisfaction et à haute voix acte de cette résolution. Je précise à l'adolescente que les effets du cannabis tendraient même à annuler ceux des médicaments qui lui ont été provisoirement prescrits en guise de garde-fou et je l'encourage à poursuivre sa psychothérapie jusqu'à ce qu'elle puisse disposer d'un sol mental suffisamment « porteur » pour être à l'abri du délire en cas d'expérience déstabilisante, toxique ou non. Quatre mois plus tard, la patiente a obtenu son bac avec mention passable, ce qui n'est pas rien au jugé des aléas psychiques qu'elle avait traversés au cours de l'année scolaire. En me communiquant cette information par téléphone, elle m'a confirmé qu'elle avait « tiré une croix » sur les « joints ». Elle aspirait désormais à des ivresses moins artificielles, par exemple à tomber amoureuse. Il ne m'est resté qu'à lui souhaiter « bon vent ».

Sous les « joints », la schizophrénie d'Armand

Âgé de dix-huit ans, ce jeune homme très inhibé se présente accompagné de ses parents, pour un motif que l'on pourrait être tenté de taxer d'anodin. Il fume occasionnellement du cannabis et paraît peu enclin à chercher du travail alors qu'il n'est plus scolarisé depuis un an. Est-il toxicomane ? C'est ce que son père et sa mère me demandent, mettant en avant le fait qu'il ne quitte presque plus sa chambre et qu'il n'a aucune relation sociale. Le problème est que là n'est pas la question. Lors de l'entretien,

Armand est muet, tassé à l'extrême sur sa chaise et comme « coupé » de tout. Une impression intense de bizarrerie émane de lui. J'ai rapidement compris que ce tableau clinique n'avait strictement rien à voir avec les effets du cannabis. Ce jeune homme et ses parents ont eu du mal à accepter le fait que l'état psychique de l'intéressé – faisant penser à une schizophrénie de type catatonique[10] – constituait une urgence psychiatrique. Une petite lettre que j'ai rédigée en ce sens à l'attention du médecin chef d'un centre médico-psychologique et un exercice soutenu de pédagogie ont aidé cette famille à effectuer la démarche, qui a très vite débouché sur une hospitalisation prolongée. Des entretiens de soutien psychologique auprès de cet adolescent auraient été ici totalement inappropriés, inefficaces et même préjudiciables au regard de la nécessité d'enrayer au plus vite le processus morbide qui chaque jour attaquait un peu plus sa cohérence psychique. Même si elle a été à l'origine de la démarche de sa famille, la consommation de cannabis d'Armand était à ce moment-là plus que secondaire.

Un autre cas de figure doit être évoqué. Consommé par un individu angoissé, le cannabis a la très désagréable propriété de transformer l'anxiété ordinaire en attaque de panique. Il s'agit d'une redoutable expérience mentale. Le sujet a l'impression de devenir fou, de perdre les limites de son corps et, parfois, de mourir. Cet état survient très rapidement et dure en moyenne plusieurs dizaines de minutes. L'angoisse flambe et s'auto-alimente (l'individu paniqué a peur de sa peur) par le fait qu'à la différence d'une phobie – c'est-à-dire d'une peur intense mais précise (des ascenseurs, du sang, de la foule, etc.) –, elle n'est consciemment rattachée à rien. Dans la plupart des cas, l'attaque

10. C'est-à-dire caractérisée par une immobilité posturale, un repli sur soi et un refus total de communiquer.

de panique cède avec un ou plusieurs calmant(s). Encore faut-il que cette crise d'angoisse aiguë soit reconnue comme telle et que l'individu qui la subit soit entouré et bénéficie de paroles apaisantes. Ce n'est pas toujours le cas pour les fumeurs de « joints », même (surtout ?) lorsqu'ils sont en groupe.

Gabriel a eu une crise de panique

C'est ce qui est arrivé à Gabriel, âgé de dix-neuf ans. Cet étudiant en sciences humaines est d'un naturel craintif. Chaque situation nouvelle l'oblige à un intense et angoissant travail d'accommodation psychique. Malgré sa mine maussade et son regard fuyant, cet adolescent ne manque pas de copains, qui apprécient son intelligence et son imagination. Il fume plusieurs cigarettes de cannabis par semaine, toujours pour faciliter un endormissement que retardent d'interminables ruminations. Un jour, le trouvant crispé, ses copains l'emmènent faire la fête avec eux. Peu après, le petit groupe confectionne des « joints » et Gabriel reçoit le sien, assorti d'un conseil rassurant : « Vas-y, fume et ne te pose pas de questions. Je t'ai roulé un "pétard" d'enfer, avec du *nederwiet*[11]. Ta déprime va dégager à toute berzingue et tu te marreras comme jamais. » Pourtant, la béatitude n'est pas précisément au rendez-vous. Au contraire, l'adolescent se met à transpirer en abondance et cherche bruyamment sa respiration. Pris de tremblements généralisés, il s'écrie ensuite, le teint blême : « Je ne me sens pas bien du tout. Je ne comprends pas ce qui m'arrive. Il faut que je sorte tout de suite. C'est en train de me tuer. C'est atroce. Aidez-moi. » Surpris, ses copains se moquent de lui, puis se font agressifs : « Qu'est-ce que c'est que ce cirque ? Calmos, ça la fout mal ! Arrête de faire le con, ça prend la tête.

11. La variété de résine de cannabis, élaborée aux Pays-Bas, la plus concentrée en THC, de l'ordre de 15 à 20 % contre 5 à 10 % pour les autres sortes de *shit*.

T'as gobé du LSD avant de venir ou tu le fais exprès pour nous enquiquiner ? Si tu n'es pas capable de profiter du bon temps qu'on t'offre, tu n'as qu'à partir et nous, on t'oubliera. Les mauvais fumeurs de "péts", on n'en veut pas. » Réalisant qu'il ne peut espérer aucun secours de la petite assemblée, Gabriel réussit à appeler chez lui sur son téléphone portable. Il bredouille l'adresse de l'appartement où il se trouve et demande à son frère aîné de venir tout de suite le chercher. À la maison, ses parents appellent un médecin, qui identifie clairement le problème et lui fait une injection de tranquillisants. Constatant qu'il a affaire à un adolescent tourmenté, ce praticien lui conseille de consulter un psychiatre, pour avoir un traitement médicamenteux préventif des crises de panique, ainsi qu'un psychologue, pour verbaliser son mal-être. Orienté vers moi par ce biais, Gabriel entrevoit lors de nos entretiens qu'indépendamment des effets du cannabis, la panique ne l'a pas envahi par hasard. Une bonne partie de son existence est organisée, à l'aide de repères et de rites immuables, autour de l'évitement d'une « boule » d'angoisse explosive qu'il porte, selon ses termes, comme une « pierre de folie » et dont l'irruption pourrait selon lui le conduire « chez les fous. » Donnant à cet adolescent un aperçu saisissant de ses zones d'effondrement internes, cette crise à la fois toxique et psychogène lui a permis d'une part de faire un tri efficace parmi ses prétendus copains, d'autre part d'entamer une psychothérapie.

Les problèmes sanitaires à long terme

Certains « joints » comportent plusieurs cigarettes de cannabis assemblées de diverses façons. Une « moustache » est formée de deux cigarettes de cannabis reliées entre elles par un ticket de métro roulé et percé au milieu pour aspirer. Un « hélicoptère » désigne trois cigarettes de cannabis associées et consommées de la même façon.

Ces procédés sont particulièrement toxiques. En effet, l'expertise collective réalisée en 2001 par l'Inserm a insisté sur le fait que les cigarettes de cannabis contiennent quatre à six fois plus de goudrons que les cigarettes de tabac. Cette réalité est aggravée par l'existence d'un effet bronchodilatateur du THC – qui favorise la rétention des goudrons dans les voies aériennes supérieures – et par le fait que les fumeurs de « joints » tendent à « tirer » des bouffées plus amples et à retenir la fumée plus longtemps dans leurs poumons – afin d'en optimiser les effets psychoactifs – que les fumeurs de cigarettes. Une consommation régulière augmente donc le risque d'apparition de maladies cardio-vasculaires et de cancers ORL et du poumon. De fait, le cancer pulmonaire survient plus précocement chez les fumeurs de cannabis que chez les fumeurs de tabac. Dans tous les cas, qu'il soit fumé seul (ce qui est rare, du moins dans notre pays) ou avec du tabac, le produit endommage l'appareil respiratoire en attaquant le mucus bronchique qui protège l'organisme contre les microbes et les autres impuretés que contient l'air inspiré. Le cannabis altère par conséquent la respiration, engendrant des irritations et des inflammations. Toux et crachats peuvent être communs en cas d'usage régulier. Ils signent à terme une insuffisance respiratoire, ainsi que la bronchite chronique qui afflige les sujets tabagiques et qui est pour cette raison surnommée « toux du fumeur ».

Par ailleurs, la plupart des matériaux – fioles en PVC ou en aluminium, bouteilles en plastique, tuyaux en caoutchouc – qui sont utilisés dans la confection d'une pipe à eau, ou « bang », émettent des vapeurs toxiques lorsqu'ils sont chauffés.

CHAPITRE V

L'adulte qui fume des « joints », cet inconnu…

IL EST INDISPENSABLE DE PARLER DES ADULTES qui consomment du cannabis. Ce phénomène est à la fois encore mal connu et assez répandu. De fait, parmi les nombreux parents d'adolescents fumeurs de « joints » que je reçois, il n'est pas rare qu'une mère ou (plus fréquemment) qu'un père ait déjà consommé, voire consomme actuellement, du cannabis, et dans tous les cas cette réalité constitue un biais – favorable ou défavorable – dans la prise en charge du jeune ! Plusieurs points semblent caractériser les usages adultes de cannabis :

– Une prévalence des usages problématiques, c'est-à-dire réguliers voire addictifs, sur les usages expérimentaux et les usages récréatifs.

– Une perception et un degré de connaissance assez poussés des effets négatifs du produit sur la vigilance et la mémoire, lors des tests d'embauche, sur la conduite automobile, sur une personnalité anxieuse, lors de l'achat, etc.

– Un degré de socialisation fréquemment bon, même si le rapport à l'argent des intéressés est volontiers problématique (mais certes pas catastrophique).

– Une recherche élective des propriétés antidépressives et autocalmantes du produit, notamment pour supporter la vie de couple et de famille et atténuer des hésitations sexuelles !

Au total, la bonne perception des risques chez les adultes qui fument des « joints » ainsi que leur attachement souvent problématique au produit appellent davantage des interventions psychothérapiques que des interventions préventives.

Je reprendrai et développerai ces différents points.

Des idées reçues aux réalités épidémiologiques

Lorsque l'on pense à l'âge des personnes qui consomment du cannabis, l'affaire est rapidement entendue. D'une part, on se représente volontiers que les « joints » sont exclusivement consommés au cours de l'adolescence. On estime que les intéressés trouvent dans les effets du cannabis un mode de régulation temporaire pour les conflits psychiques propres à l'âge « ingrat » et que cet usage cesse quand celles et ceux qui s'y adonnent entrent dans l'âge adulte, c'est-à-dire quittent leur famille pour travailler et se mettre en ménage. D'autre part, on sait que certains adolescents qui ont « commencé » par le cannabis finissent par entamer une « carrière » de toxicomane une fois adultes, mais l'on est alors persuadé que les « fumettes » de cannabis sont une fois pour toutes laissées derrière lorsqu'elles font place à l'utilisation de drogues autrement plus dangereuses, telle l'héroïne injectée ou sniffée.

Ces représentations sont exactes en ce qui concerne la majorité des adolescents qui ont consommé du cannabis, mais elles doivent de plus en plus être nuancées par deux réalités :

– De nombreux adultes fument du cannabis et cette consommation connaît un développement marqué, à l'instar de ce que l'on observe chez les adolescents, même si ce phénomène est très mal renseigné sur le plan épidémiologique.

– Si de nombreux adolescents consomment du cannabis de manière expérimentale ou festive, les adultes qui fument des « joints » entretiennent plus fréquemment un rapport régulier, voire addictif, avec ce produit. Corrélativement, la seule enquête épidémiologique prenant en compte cette population, effectuée en 1998 par Ingold et Toussirt dans le cadre de l'IREP auprès de 1 087 sujets âgés de 16 à 62 ans – l'âge moyen s'établit à 28 ans –, bat en brèche l'idée selon laquelle les fumettes de « pétards » ne seraient que conviviales. En effet, 56,12 % des sujets de l'échantillon consomment chaque jour du cannabis, au rythme moyen de 4,35 « joints » quotidiens (cette fréquence atteignant parfois vingt « bédos»). Il est difficile de concevoir que ces consommations très régulières aient tout le temps lieu dans un contexte festif, avec d'autres fumeurs...

Observées par de nombreux collègues, ces occurrences sont très peu étudiées. Un examen de la littérature scientifique révèle que les recherches qui portent sur les contextes de ces consommations et sur leurs soubassements psychodynamiques sont quasiment inexistantes.

Dans le cadre de ce chapitre forcément exploratoire[1] et dans une optique comparative avec les adolescents qui fument des « joints », je m'attacherai notamment à mettre l'accent sur la perception des risques qu'ont les fumeurs adultes de cannabis et sur le type de prise en charge qui me paraît souhaitable pour ces personnes.

Une prévalence d'usages réguliers et d'usages addictifs

L'expérience clinique suggère d'abord que, si la plupart des adolescents entretiennent un rapport expérimental ou récréatif avec le « joint », la majorité des adultes qui fument du cannabis le font de manière régulière – c'est-à-dire quotidienne ou presque – et, parfois, de manière addictive (« Je ne peux plus

1. Sachant que les adultes qui consomment du cannabis pourraient aisément faire l'objet d'un ouvrage...

m'en passer »). Ensuite, presque tous les fumeurs adultes ont commencé à consommer en début ou en milieu d'adolescence, par opposition au fait que la majorité des usages d'héroïne débutent à la fin de l'adolescence (20-25 ans), voire au début de l'âge adulte (25-30 ans). Le premier « joint » ne fut pas forcément jugé agréable et, donc, ne suscita pas toujours un coup de foudre[2]. Le renouvellement de la consommation eut alors pour origine la pression du groupe de pairs en âge.

En cas de rapport toxicomaniaque au cannabis, ce degré extrême d'attachement au produit – qui n'est pas rare chez l'adulte qui fume des « joints » – a parfois succédé à un usage adolescent festif ou régulier et s'est quelquefois mis en place lorsque l'intéressé a (mal) vécu sa première expérience de séparation durable d'avec ses parents. C'est ce qui s'est passé pour Norbert quand il est « monté » à Paris pour entreprendre des études supérieures et qu'il a dû habiter seul dans un petit logement financé – le détail est important par rapport aux enjeux psychologiques et relationnels prépondérants de dépendance et d'autonomie à l'adolescence – par ses parents.

Même lorsqu'elle est addictive, la consommation de cannabis n'engendre guère de sentiment de culpabilité chez les adultes, à l'instar de ce que l'on observe au niveau des adolescents et / mais quel que soit le degré d'attachement de ces derniers au produit.

Dans la plupart des cas, le fumeur adulte peut tolérer, à la faveur d'un changement d'environnement – déplacement professionnel, vacances en famille – des périodes d'abstinence, qui vont de plusieurs jours à plusieurs semaines. L'irritation et l'insomnie le guettent néanmoins. Surtout, une baisse marquée de la consommation de cannabis donne souvent lieu à une augmentation, qui peut être spectaculaire (deux à trois fois plus), de la

2. On pourrait comparer cette impression courante à ce qui est ressenti lors du premier rapport sexuel. Ce n'est pas toujours le « top » !

consommation de tabac. Bien qu'il repère douloureusement ce véritable phénomène de substitution, le sujet ne dispose en l'état d'aucun moyen pour le modifier efficacement. Il n'a que la ressource de fumer à nouveau du cannabis afin de fumer moins de tabac... même si – comme nous l'avons vu – le produit accentue fortement la fixation des goudrons issus du tabac dans les poumons. Certains consommateurs n'apprécient pas le tabac et aimeraient trouver un autre mode de consommation du cannabis. Ils font par contre preuve de réticence, à juste titre, envers les formes ingérables de cannabis, tel le néerlandais *space cake*, en raison du pourcentage très élevé de THC que présente ce type de conditionnement. Notons au demeurant, et cela n'est pas anodin sur les plans préventif et sanitaire, que cette forte hésitation est commune aux adolescents et aux adultes qui fument des « joints ».

De manière comparable, Elsa Muré (2001) remarque qu'en cas d'indisponibilité du produit le fumeur de cannabis dépendant est « juste énervé », tandis que l'héroïnomane souffre alors d'un sérieux manque physique et d'une intensification soudaine de la souffrance psychique que le produit venait tant bien que mal colmater. Même s'il est conscient de sa grande difficulté à s'en passer, l'adulte toxicomane au cannabis a moins le sentiment que l'héroïnomane de « s'être fait avoir » par le produit. Ce sujet a plus rarement placé dans les « joints » une attente de solution miracle et définitive, en un mot magique, à ses difficultés. À l'inverse, l'héroïnomane qui prend conscience de sa toxicomanie se sent doublement floué et leurré par le produit, qui non seulement ne lui procurera jamais plus le plaisir d'intensité orgasmique initial mais le voue de surcroît, au fur et à mesure que l'usage se pérennise, à devoir consommer dans le seul but de se protéger de la douleur du manque – suprêmement redoutée – si l'héroïne venait à faire défaut.

Par ailleurs, il n'est pas rare que des adultes schizophrènes dont l'état est stabilisé par un traitement neuroleptique au long cours fument régulièrement des « joints ». Cette pratique est risquée, en raison des propriétés psychodysleptiques du cannabis. Outre un profond sentiment d'ennui, les intéressés expliquent cette consommation par l'abrasion sévère de l'activité d'imagination qu'occasionnent les médicaments neuroleptiques : « On ne peut plus rêvasser. » Ce constat les pousse à rechercher un supplément d'âme dans les « pétards ». Conscientes des risques de décompensation qu'elles prennent ainsi, ces personnes estiment pourtant que leur « camisole chimique » – qu'elles observent impeccablement lorsqu'elles prennent un neuroleptique retard, par injection mensuelle ou semi-mensuelle – les protège de toute façon contre le retour du délire et des hallucinations. Cette croyance est fausse. Un usage régulier de cannabis expose les sujets dont la souffrance psychique se décline sur le mode psychotique à un rebond de l'angoisse de morcellement et à la résurgence du sentiment d'irréalité. Il est important que l'entourage des malades mentaux qui fument du cannabis exerce sa vigilance à cet endroit. Rappelons ici qu'au XIXe siècle, Moreau de Tours (1845) avait confectionné des préparations à base de cannabis dans le but précis de reproduire les symptômes de la folie et, ainsi, d'en découvrir les « secrets » !

Enfin, de nombreux adultes héroïnomanes consomment également du cannabis. Cet usage est parfois parallèle à celui de l'héroïne, de sorte que l'on pourrait parler d'une double addiction. Il arrive tout aussi fréquemment qu'un héroïnomane fume des « joints » lorsqu'il ne s'injecte ou ne « sniffe » plus son produit d'élection. Dans ce cas, ou bien le sujet est devenu abstinent ou presque aux opiacés, par exemple au terme d'une psychothérapie plutôt « réussie », ou bien – c'est hélas plus souvent le cas – il s'est engagé dans un traitement de substitution au Subutex© ou à la Méthadone©. Le cannabis est alors utilisé pour atténuer le choc psychique qui est causé par des retrouvailles intimes avec une affectivité authentique mais pas toujours agréable et, donc, peu acceptable en l'état.

La polyconsommation et ses limites

Dans les moments les plus difficiles, il arrive que la consommation de cannabis de l'adulte se double d'une alcoolisation ou / et d'une expérimentation de drogues stimulantes – cocaïne, ecstasy – effectuées dans un cadre festif et qui ont pour but de bousculer l'*habitus* de ce *shitman*.

Des voies de frayage existent à cet effet. La représentation négative de l'alcool « qui tache et clochardise » est moins marquée que chez les adolescents qui fument du cannabis. Il en va de même en ce qui concerne les représentations adolescentes de l'ecstasy, qui selon la majorité des jeunes est « un truc de laboratoire gobé par ceux qui aiment la techno ». Bien que péjoratives, elles présentent au moins l'avantage relatif de protéger[3] un grand nombre d'adolescents d'une consommation tous azimuts de substances psychoactives. En revanche, ces représentations ne peuvent pas constituer un garde-fou pour les adultes, qui n'y adhèrent plus.

À cet égard, il est possible que l'engouement d'un certain nombre de consommateurs adultes de cannabis pour d'autres produits toxiques soit pour une part responsable de l'affaissement actuel de la barrière cannabis *versus* ecstasy qui a jusqu'ici fonctionné pour plusieurs millions d'adolescents. En effet, les microcosmes correspondants sont de moins en moins séparés. Bien que la culture techno appelle coutumièrement un usage de substances psychostimulantes, les *rave parties* sont devenues le théâtre d'une consommation significative de cannabis. Dans le détail, certains adolescents fumeurs de « joints » participent aux *rave parties* même s'ils n'apprécient guère la musique techno. Ils sont motivés par la perception que dans ces manifestations « ça bouge » et, surtout, par le fait qu'ils peuvent y acheter et

3. Mais pour combien de temps encore ?

fumer du cannabis. *In situ*, certains adolescents vont plus loin. Ils se procurent de l'ecstasy ou de la cocaïne, qu'ils consomment soit sur place soit hors de ce cadre festif, une fois revenus dans leur quartier et en complément ou en alternative de leur « pétard » coutumier.

La ligne de dangerosité qui sépare la plupart des consommations de cannabis et celles d'opiacés est aussi bien perçue par les adultes que par les adolescents qui fument des « joints ». En lien avec ce point, les uns et les autres ont choisi le cannabis parce qu'ils qualifient ce produit de « drogue douce », principalement en opposition avec l'héroïne et, dans une mesure moindre et plus récente, la cocaïne, l'ecstasy et le crack. De plus, au moment d'élire une substance psychoactive, certains adolescents et certains adultes ont été sensibles à l'odeur du cannabis, préférée à ce titre à l'alcool – qui est jugé écœurant sur les plans olfactif et gustatif – et aux opiacés – qui n'ont ni odeur ni goût particuliers.

Des sujets conscients des risques

Les adultes qui fument de façon quotidienne du cannabis en repèrent très bien les effets négatifs sur la vigilance et la mémoire. En témoigne un adage[4] répandu parmi ces personnes : « Pétard du matin, poil dans la main. Pétard du soir, trous de mémoire. » Comme l'explique Franck, trente et un ans, infirmier, vivant en concubinage et père d'une petite fille : « Le joint rend calme, mais également feignant. » L'acceptation de cette réalité est beaucoup plus marquée que chez les adolescents. Les intéressés essayent de moduler leur consommation en conséquence. Par exemple, ils s'efforcent de ne pas fumer avant

4. Communication personnelle de mon collègue Benjamin Appert, animateur de prévention.

d'être sur leur lieu de travail et avant la fin de la matinée, de façon à ne pas éprouver un ras-le-bol professionnel, à ne pas être démotivés et déresponsabilisés. Il faut dire aussi que la pression sociale est généralement plus marquée lorsque l'on travaille qu'elle ne l'est au collège ou au lycée. De nos jours, la vie professionnelle n'est-elle pas le lieu *princeps* de la prise de risques pour les adultes ?

Toujours à la différence des adolescents, les fumeurs adultes savent assez bien faire face aux tests médicaux d'embauche qui visent à détecter la présence éventuelle d'une substance psychoactive dans le sang ou l'urine. Ils sont, en outre, davantage informés de l'intérêt croissant que la médecine du travail et les employeurs ont pour la consommation de cannabis en situation professionnelle, que le « joint » soit fumé avant de travailler ou pendant le travail.

Même si ces sujets n'ont pas toujours une connaissance intellectuelle précise des effets du cannabis sur la conduite automobile, ils les identifient assez facilement, sont conscients des risques encourus et s'efforcent d'adapter leur comportement en volant. Rappelons qu'à l'inverse, la majorité des fumeurs adolescents ne perçoivent pas ces effets et tendent à en dénier l'existence lorsqu'on les leur décrit. Certains adultes qui fument des « pétards » réduisent fortement leur vitesse et se contraignent à être plus attentifs, même si le risque zéro (comme nous l'avons vu avec l'observation de Michel, pp. 59-60) n'est ainsi pas éliminé. D'autres s'arrangent – à l'instar de certains consommateurs festifs d'alcool – pour que le conducteur ne fume pas de cannabis s'ils sortent à plusieurs.

De manière comparable, les adultes qui fument des « joints » savent souvent que le cannabis n'agit pas favorablement sur l'angoisse et que ces effets risquent au contraire de provoquer une crise de panique chez les sujets anxieux. Un autre facteur de protection réside dans le fait que, pour des raisons de stricte homéostasie psychique, le fumeur adulte est moins exposé aux accidents psychiatriques – de type décompensation délirante – que l'adolescent, dont le vécu psychique est « normalement » critique. On peut toutefois se demander si la massification et la chronicisation des consommations de cannabis à l'adolescence et à l'âge adulte ne constituent pas des bombes neuropsychologiques à retardement, tout comme les hépatites C semblent l'être sur le plan somatique.

Les risques liés à l'achat sont également mieux repérés qu'à l'adolescence. Les fumeurs adultes s'en tiennent généralement à un seul *dealer*. Celui-ci est sélectionné en fonction de sa disponibilité, du rapport qualité prix du cannabis qu'il vend et, par-dessus tout, en raison de sa discrétion. Les adultes qui fument des « joints » connaissent bien l'absence potentielle d'anonymat qui entoure la vente. Lorsqu'ils fument en dehors du lieu où ils habitent, ils prennent soin de ne pas « aller pécho » dans des endroits qu'ils ne connaissent pas, afin d'éviter de se faire « rouler » ou agresser. Beaucoup d'entre eux font une provision de produit avant de partir et la conservent à portée de main lorsqu'ils sont en voiture pour s'en débarrasser facilement en cas de contrôle policier.

Au jour le jouir

On observe donc, d'une façon générale et en dépit d'un attachement psychologique souvent prononcé au cannabis, que les adultes qui fument des « pétards » minimisent avec une relative efficacité un grand nombre de risques si on les compare aux adolescents utilisateurs du même produit. Cette réalité peut recevoir pour élément d'explication partielle le fait que la consommation adulte ne s'inscrit plus dans un contexte de rite de passage et, donc, le fait que le sujet ressent moins le besoin de prendre des risques pour se faire accepter par un groupe de pairs. De fait, il est assez rare que les groupes de fumeurs adultes se lancent des défis. Le désir de jouir de la vie telle qu'elle se présente – ce qui n'est pas synonyme de conformisme – a pris le pas sur la révolte adolescente.

En lien avec ce point, dans les périodes plutôt sereines sur le plan psychologique, et donc de consommation modérée, le « joint » donne lieu à une confection et à une représentation miniaturisées par l'adulte qui le fume. Il est tenu pour un *stick* – un bâton – aux effets *light*. Par contre, les représentations « écologiques » du cannabis telles que « c'est naturel, c'est de l'herbe » – auxquelles l'on peut dans une démarche préventive opposer que tout ce qui pousse naturellement n'est pas forcément bon pour la santé, par exemple la ciguë et les champignons hallucinogènes ou mortels ! – sont moins fortes qu'à l'adolescence. Le *shitman* adulte met plutôt l'accent sur l'aspect esthétique et pratique – on pourrait presque dire ergonomique – du « joint » et de son utilisation.

De nombreux fumeurs adultes réguliers ou dépendants se comportèrent adolescents en véritables kamikazes. En quittant l'adolescence, ils ont eu du mal à trouver des occurrences pour exercer ce besoin frénétique de prendre des risques[5]. Démobilisés par les circonstances : « métro, boulot, dodo », ils se bornent désormais à combattre par les effets « pacificateurs » du cannabis la rage qui résulte de l'impossibilité de passer à l'acte comme auparavant. L'action sédative du produit sert alors à tenter de gommer une impulsivité résiduelle et, au fond, de faire le deuil du jeune casse-cou que l'on a été.

Corrélativement, l'absence totale de risque de surdose avec le cannabis, à la différence de l'héroïne, rend impossible la mise

5. Il y a un demi-siècle, le psychanalyste Michael Balint se demandait déjà pourquoi certains individus « s'exposent sans nécessité à des dangers réels pour rechercher des frissons, alors que d'autres ne peuvent même pas en supporter l'idée ».

en œuvre de conduites suicidaires[6], à moins de consommer ce produit en association avec d'autres substances psychoactives puis de taquiner la Camarde au volant. Mais en la matière, une injection d'héroïne serait plus adaptée pour jouer très dangereusement avec la mort et la majorité des fumeurs de cannabis le savent.

Ces adultes possèdent souvent un bon degré de socialisation[7]. Ils ont presque tous un cercle de copains, eux aussi plutôt insérés et fumant – ou non, mais c'est plus rare – des « joints ». L'idéologie est absente de ces groupes, plus mûrs et pragmatiques que les groupes d'adolescents qui fument du cannabis. De ce point de vue, les cultures *beatnik* et *reggae* n'ont guère survécu dans l'esprit de la plupart des fumeurs adultes d'aujourd'hui qui, à la différence de leurs aînés, éprouvent peu le besoin d'en rajouter du côté de Woodstock ou de Bob Marley. Dans la garde-robe de ces personnes, le costume-cravate et le survêtement sont autant de mise que les cheveux longs et les jupes indiennes !

Les adultes qui sont « accros » au cannabis le sont en revanche assez peu aux groupes auxquels ils appartiennent. Lorsque ces agrégats se défont, ces sujets sont moins en proie à l'angoisse

6. La dose létale de cannabis est estimée à vingt-cinq kg. Un individu qui absorberait cette quantité de produit décéderait plutôt d'un éclatement de l'estomac ou d'une occlusion intestinale, sans compter que les effets psychotropes seraient très vite si puissants qu'une « psychose cannabique » désorganiserait les pensées et les gestes bien avant la dose fatidique ! Ce phénomène peut être comparé à la dose létale de café, estimée à cinquante tasses. L'absorption de vingt-cinq tasses créerait de tels troubles neurologiques, sous la forme de violents tremblements, que le sujet serait physiquement incapable d'accomplir le geste de boire et de déglutir !
7. Dans l'étude précitée d'Ingold et de Toussirt, 73 % des sujets interrogés vivent de manière autonome et 66 % travaillent. Cette enquête comporte de nombreux adolescents, de sorte que les pourcentages relatifs aux adultes sont en réalité plus élevés encore. Il est vraisemblable que les sujets mal socialisés se recrutent ici surtout parmi les jeunes adultes qui souffrent de troubles mentaux chroniques, de type schizophrénie, et qui soit vivent en errance (SDF), soit bénéficient de prestations sociales en raison de leur état de santé (allocation adulte handicapé).

que les jeunes qui fument en groupe. Cette observation est importante du point de vue de la prise en charge psychologique et éducative. Elle favorise en effet les demandes d'aide individuelles, qui sont le vecteur d'un engagement significatif dans un cursus de soins.

En revanche, le rapport à l'argent de ces personnes est problématique, pas seulement en raison du coût du produit. C'est un fait, le fumeur de cannabis adulte est rarement un bon comptable. Il abhorre l'obsessionnalité, chez lui comme chez l'autre. Certes, refuser de polariser sa vie sur la tenue des rentrées et des dépenses d'argent paraît en soi une attitude saine ou du moins sympathique (honte aux radins !). Le problème est que les sujets qui nous intéressent basculent volontiers dans l'autre extrême, à savoir qu'ils font preuve de désintérêt et de désinvolture dans la gestion de leur argent. Les fumeurs adultes de « pétards » possèdent toutefois un garde-fou. À la différence de presque tous les héroïnomanes[8], ils sont capables de se reprendre avant de se retrouver en situation de surendettement.

Enfin, les adultes qui fument des « joints » sont plus exigeants que les adolescents à propos de la qualité du produit. À cet effet, ils n'hésitent pas à faire jouer la concurrence, pour deux raisons au moins. Ils sont davantage en capacité physique et psychologique « d'en imposer » aux vendeurs et la possession quasi systématique d'une voiture leur permet de changer facilement de lieu d'approvisionnement.

Des visées antidépressives et autocalmantes

Alors que les adolescents qui fument régulièrement des « joints » prisent essentiellement les propriétés psychophysio-

8. C'est-à-dire à l'exception des consommateurs d'héroïne qui en vendent pour financer leur consommation et qui réussissent à ne pas « bouffer » le fonds de commerce.

relaxantes du cannabis[9], par exemple pour agir sur une agressivité mal contenue, les adultes qui consomment régulièrement du cannabis le font tout autant dans une visée antidépressive. Les effets euphorisants du produit sont ici électivement recherchés. Ils ne suffisent par contre pas toujours à redresser l'inhibition qui afflige le sujet dépressif, en raison de l'action sédative que le cannabis exerce par ailleurs. Sur ce point, il arrive que le fumeur adulte déprimé rende le produit, qui l'empêcherait selon lui d'aller de l'avant, responsable de sa difficulté parfois extrême à concevoir et à réaliser des projets. Dans cette perspective, le souhait d'arrêter de « jointer » correspond au désir de retrouver un élan vital affaibli et une certaine joie de vivre, par le biais de la croyance selon laquelle l'état dépressif aurait été occasionné par le cannabis ! Certains fumeurs se consolent même avec l'anticipation d'un pouvoir d'achat amélioré.

Par ailleurs, l'angoisse qui retarde l'endormissement paraît moins marquée que chez les adolescents qui consomment du cannabis. Il en résulte que le « joint somnifère » est moins fréquent chez les adultes. Cette observation peut recevoir trois éléments partiels d'explication :

– Le fait que l'adulte doit moins se bagarrer que l'adolescent pour que son espace domestique soit respecté par « les autres ». En effet, si on ne choisit ni ses parents ni sa fratrie, on dispose par contre d'une certaine marge de manœuvre dans le choix du conjoint et des amis et dans l'éducation des enfants que l'on fait ou non.

– L'apaisement psychophysique qui peut être trouvé auprès d'un partenaire sexuel régulièrement disponible.

– En lien avec le point précédent, la possibilité – qui excède le cadre des confidences sur l'oreiller – de verbaliser ses angoisses et ses pensées lorsque l'on n'est pas seul dans son lit.

9. Ceux qui fument occasionnellement, pour faire la fête placent plutôt leurs attentes dans l'action désinhibitrice du produit.

Chez tous les sujets dont l'agressivité est à fleur de peau existe la tentation d'entrer dans un rapport paranoïaque à l'autre, c'est-à-dire en miroir et meurtrier : « C'est lui ou c'est moi. » Dans ce contexte, une consommation régulière de « joints », à l'adolescence comme à l'âge adulte, sert à réfréner l'envie d'en découdre qui pèse sur le psychisme à la manière d'une charge aveugle dont le sujet doit se débarrasser pour ne pas être détruit. L'intoxication au cannabis a ici valeur, peut-être plus qu'ailleurs, de tentative de guérison...

Si le « pétard » est dans certains cas fumé pour maîtriser l'impulsivité, son action sédative ne fait en revanche pas de « détail », de sorte qu'un sujet trop agité peut progressivement se calmer au point de verser dans l'autre extrême tonique, de s'affaisser. En proie à l'aboulie, c'est-à-dire à la difficulté à agir, le fumeur de « joints » ressemble alors à Hamlet, qui hésita de façon interminable avant de se décider à venger son père assassiné alors qu'il le lui avait promis avec colère et détermination lorsque le spectre du « bonhomme à la cave » lui avait enjoint de le faire. Là encore, ce phénomène est observé chez l'adolescent et chez l'adulte.

Supporter la vie de couple et de famille

L'ambivalence affective envers le conjoint ou le compagnon est importante chez le fumeur de « pétards » adulte. L'usage de cannabis permet alors d'aménager la bonne distance qui permet de supporter la présence du principal objet d'amour. C'est comme si l'opération adolescente de démarquage d'avec les parents se prolongeait ici en se déplaçant. De fait, la notion de territoire, d'espace à soi au sein de l'espace conjugo-filial revient fréquemment dans le discours des fumeurs réguliers ou psychodépendants.

Cette sensibilité en quête de régulation tend également à poindre lorsque le sujet se trouve en situation de repas de famille.

Secrètement irrité par le caractère intangible de la personnalité des uns et des autres et par les us et coutumes – conflictuels ou non – qui en découlent, il fume alors des « joints » pour supporter cette compagnie. Le rôle autocalmant délégué au produit est ici manifeste.

Le consommateur adulte de cannabis tente parfois d'amenuiser une agressivité sexuelle insuffisamment métabolisée. Fumer un ou plusieurs « joints » peut même constituer un préalable ou un « préliminaire » indispensable aux rapports sexuels. La fumette est ici l'antichambre, le boudoir de l'alcôve. Sous ivresse cannabique, le sujet peut alors faire l'amour sans déterrer simultanément la hache de guerre ! Par contre, les consommateurs adultes ressentent moins que les adolescents le besoin de fumer un « pétard » pour se donner du courage avant de séduire. En particulier, les *shitmen* d'âge mûr ont eu le temps – parfois à leurs dépens – d'observer que le fait d'être « cassé » n'attire pas les femmes, promptes à penser – parfois à tort et parfois à raison – au sujet des fumeurs réguliers ou « addictés » au cannabis : « Ce sont des loques. Ils n'assurent pas au lit. Et dans la rue, en leur compagnie, on court le risque de se faire agresser si une bande de voyous remarque qu'ils ne tiennent pas sur leurs jambes. »

Une question taraude de nombreux « jointeurs » adultes, pour qui l'autre est facilement perçu comme étouffant : « Mon destin est-il de vivre en couple ou seul(e) ? » Histoire de donner un fondement réel à cette interrogation, certains sujets recherchent compulsivement la compagnie intime de personnes au caractère difficile, dont ils parviennent ou non à se défaire mais qui les amènent dans tous les cas à se demander : « Est-ce que j'arriverais à vivre avec quelqu'un de fréquentable ? » La psychothérapie de ces fumeurs de « joints » fait saillir et met au travail un besoin inconscient et insistant : le sujet s'évertue à rejouer dans la relation amoureuse une séparation nécessaire – mais dans son cas trop compliquée – d'avec l'environnement affectif précoce de sa petite enfance, afin de donner une issue moins ambiguë à cette opération psychique de base. En attendant d'acquérir une capacité de relation d'objet moins contradictoire, l'adulte pare au plus pressé en estompant les termes de son dilemme affectif grâce à la brume de l'ivresse cannabique.

Pour dire les choses autrement, un rôle de maîtrise des conflits psychosexuels est parfois clairement dévolu aux « joints ». L'adulte qui consomme du cannabis est alors déchiré entre l'envie et la peur de « se lâcher » dans une relation génitalisée et la tentation du repli narcissique. L'intoxication alimente le pôle de la fermeture psychique tout en apaisant la tension douloureuse inhérente au conflit. Un tel sujet peine à sentir ce qui est bon pour lui en matière de comportement sexuel et d'engagement amoureux : ou bien des rapports avec un(e) seul(e) partenaire, avec qui l'on vit en concubinage ou que l'on épouse, ou bien la fréquentation erratique ou régulière de multiples partenaires hétérosexuel(le)s voire homosexuel(le)s.

Cette difficulté à jouir de ce qui s'offre sur les plans sexuel et sentimental fait facilement tache d'huile vers la vie professionnelle. Le sujet peine alors pour percevoir et utiliser son potentiel d'évolution. Là encore, il reste indécis, sur le pas de la porte de ses désirs. Ayant beaucoup de mal à sentir ce qui lui fait signe d'entrer ou pas dans le champ de ses aspirations et légitime ainsi ces dernières, il ne s'autorise pas à désirer. L'usage au moins régulier de cannabis vise ici à chasser l'humeur dépressive et la perplexité qui dominent un paysage mental sans relief ni direction. Comme nous l'avons vu avec Bruno, le sujet attribue parfois à l'autre, qui n'attendait que quelques mots d'amour ou de relance, sa propre indécidabilité en la transformant en fin de non-recevoir. Il lui restera la possibilité de diluer dans la sédation cannabique la rage et la culpabilité engendrées par cet autosabotage.

Par ailleurs, il n'est pas rare que les hommes qui fument régulièrement des « joints » présentent des symptômes s'apparentant aux troubles de la paternité. Ils ont peur et tendance à se bagarrer et à fuguer, voire à faire preuve d'infidélité sur le plan conjugal pour vérifier leur capacité à être virils. Pourtant, ces sujets assument leur parentalité. La naissance de leurs enfants ne fait pas flamber leur consommation. Par contre, lorsqu'un membre de sa progéniture atteint l'âge qu'il avait au début de ses « fumettes », le *shitman* adulte est inquiet. De manière tout à fait consciente, il redoute que son fils ou sa fille devienne à son tour un consommateur – au long cours ou non – de cannabis.

Dans la plupart des cas[10] que j'ai pu observer, ce sujet ne fut pas psychiquement satellisé par ses parents au cours de son enfance et de son adolescence. De sorte qu'il a pu, à la différence de nombreux héroïnomanes, s'éloigner d'eux sans avoir l'impression qu'ils en mourraient et que cet affect agonistique les frapperait en retour. Certains parents ont même vécu chaque prise d'autonomie de l'intéressé comme un soulagement, allant jusqu'à penser – substituant l'extrême du rejet à celui de l'impossibilité d'être quitté – « bon débarras ». De fait, lors du départ de chez les parents pour l'amour et le métier, la tristesse mutuelle a souvent été viciée par l'agressivité voire la haine, même si des liens ont pu être retissés ensuite. Dans ce cas de figure, le sujet ne s'est pas et n'a pas été coupé de ses parents, même s'il s'agace fréquemment de l'incapacité (selon lui) de son père ou / et de sa mère à « changer ».

Les parents qui fument des « joints » et leurs enfants

Ces consommateurs de cannabis ne cachent pas l'existence de leur intoxication à leurs enfants, tout en prenant soin de ne

10. Ce que dément certes celui de Bruno, toxicomane au cannabis.

pas s'y livrer devant eux. Ils n'agissent alors pas par gêne ou honte. Ils sont mus par le besoin de s'isoler, de délimiter un espace à soi – comme lorsqu'ils font l'amour[11] – ainsi que par la conscience de « devoir » cette limite à leur progéniture. Les pères et les mères qui fument des « joints » sont plutôt ouverts à la discussion avec leurs enfants. Ils font volontiers part de souvenirs qui proviennent de leur propre enfance et n'hésitent pas à assurer leurs rejetons d'une certaine complicité tout en recherchant la sienne, par exemple en matière de pratique sportive.

Ces observations correspondent à une tendance dominante, mais les choses ne se passent pas toujours aussi sainement. Certains parents qui fument ou ont fumé des « joints » font preuve d'attitudes inadaptées, voire aberrantes, face à la consommation de cannabis de leur progéniture adolescente. Ces errements résultent souvent de l'interaction de facteurs économiques, sociaux et psychologiques défavorables[12]. En voici deux exemples, caractérisés par une absence partielle voire totale de limites éducatives *ad hoc*.

La mère de Gwenaëlle refuse d'entendre sa détresse

Âgée de quatorze ans, Gwenaëlle a été surprise en train de fumer un « joint » dans la cour de son collège. Le chef d'établissement a choisi de ne pas sanctionner cette élève douée et disciplinée, mais lui a fortement conseillé en contrepartie de me rencontrer, au moins une fois, pour faire le point sur sa consommation de cannabis. La jeune fille arrive accompagnée par ses

11. À la différence près que la consommation de cannabis ressemble plutôt à un autoérotisme !
12. Sur les maux contemporains – ainsi la tyrannie domestique des enfants, l'incivisme, l'hyperactivité – engendrés par la perte d'autorité des adultes en général et sur la manière dont se débrouillent les familles qui sont « vertébrées » par les usages de drogues et les autres conduites à risques en particulier, on lira avec profit les travaux du thérapeute familial Raffy (2004) et de l'anthropologue Jamoulle (2002).

parents. L'entretien démarre « sur les chapeaux de roue », à l'initiative de la mère. Je suis immédiatement placé dans le collimateur de cette femme : « Il y en a marre ! Qu'est-ce qu'on fiche ici ? Vous êtes de mèche avec le proviseur et la justice ou quoi ? Vous aussi, vous contribuez à emm… les gens qui fument du cannabis. Il n'y a pourtant aucun mal à ça. Les jeunes veulent juste se changer les idées en en prenant. Ils n'ont pas besoin de voir des psychologues ! Tous les jours, leurs "profs" les bassinent avec le fait qu'ils doivent être bardés de diplômes pour espérer travailler – et encore, dans des conditions de plus en plus sordides –, alors c'est normal qu'ils s'évadent et se détendent un peu. Et puis le cannabis n'a jamais tué personne, que je sache. Rien à voir avec l'héroïne ou même l'alcool. Je sais de quoi je parle. J'ai fumé des "joints" pendant plus de dix ans, sur les bancs de la fac puis avec des amis. J'étais parfaitement bien dans ma peau et les effets du produit ne m'ont jamais posé de problème. Je fume encore quelquefois, quand l'occasion se présente, pour "rigoler" et c'est tout. Pas de quoi en faire un drame ! Mon mari ne m'approuve pas. Il vous le dira peut-être. On s'est chamaillés plusieurs fois à cause de ça. Mais je le soupçonne d'être "réac", de faire de l'anti-jeunisme, exactement comme le proviseur qui a envoyé Gwenaëlle ici. Le cannabis sert à s'amuser, point final. Ma fille a donc le droit d'en fumer si ça lui chante. »

Tandis que cette dame s'épanche de la sorte, j'observe son époux. Visiblement coutumier de ce type de diatribe, cet homme fait le dos rond. Il semble avoir renoncé à « en placer une », oscillant entre une posture ratatinée et des yeux levés comme pour dire « Elle pique sa crise, une fois de plus ». Pourquoi pas, si sa femme est inflexible dans son argumentation ? C'est un aménagement conjugal qui en vaut un autre.

Seulement, ces adultes ne sont pas ici pour s'exprimer en tant que couple – ou pas seulement –, mais avant tout en tant que parents. Je guette donc l'occasion de donner la parole à Gwenaëlle, d'autant plus que la jeune fille écoute le discours maternel d'une façon qui me déconcerte. En effet, elle est visiblement mal à l'aise en entendant sa mère défendre le droit des jeunes (et des moins jeunes...) à fumer du cannabis et faire dogmatiquement équivaloir l'usage de cette substance à une activité récréative. Ordinairement, en situation d'entretien familial, une attitude juvénile de renfrognement ou d'opposition est due au fait que les parents désapprouvent la consommation de cannabis et le réaffirment de manière bruyante. L'adolescent n'est alors pas « à la noce ». Or, je me trouve ici face à une mère qui fait l'apologie du « joint », ou du moins qui en banalise complètement l'usage. Pourquoi Gwenaëlle ne boit-elle pas les paroles maternelles comme du petit lait ? En la regardant attentivement, j'ai l'impression qu'elle m'adresse une sorte de supplique muette, comme si elle souhaitait que je me positionne autrement que sa mère. Je fais l'hypothèse que cette adolescente ne fume pas ou pas seulement des « joints » dans un but récréatif, mais parce qu'elle est mal dans sa peau, et j'interviens.

Tactiquement, je choisis de ne pas prendre de front la mère de Gwenaëlle. Je confirme auprès de cette femme l'existence d'un lien fréquent entre l'usage de cannabis et la recherche d'euphorie, de détente et d'humour. Puis j'ajoute qu'à mon grand regret de clinicien, les raisons qui poussent un individu à fumer des « pétards » ne sont pas toujours d'ordre ludique. J'explique posément que je reçois aussi beaucoup de jeunes qui consomment du cannabis à la manière d'un médicament « pour les nerfs », qu'ils utilisent pour être moins angoissés ou déprimés, pour dormir normalement, etc. Qu'en est-il dans le cas de Gwenaëlle ? Je pose cette question puis glisse humblement que nous avons besoin de la jeune fille pour y répondre. Je fixe l'intéressée avec bienveillance. Elle me regarde avec reconnaissance, sourit de façon imperceptible puis s'autorise à « craquer ».

L'adolescente murmure en pleurant : « Je ne fume pas des "joints" pour faire la fête, mais parce que je vais mal. Je suis tout le temps triste. Je ne sais pas pourquoi. Des fois, j'ai envie de mourir. Je n'ose pas en parler à mes parents. Ils me voient comme une élève appliquée, une "petite fille modèle" sans problèmes. Mais je ne suis plus une "princesse". J'ai quitté l'enfance et je ne sais plus où je suis ni qui je suis. Quand je fume du "cannabis", je suis moins tourmentée, mais ça revient au bout de quelques heures. En fait, c'est bien que je me sois faite attraper au collège ; ça m'a permis de venir ici et d'être reconnue dans ma souffrance. Je crois que si ça n'était pas arrivé, j'aurais fait de plus en plus de " conneries" pour avoir moins mal et pour attirer l'attention de mes parents sur mes difficultés. Dans les pires moments, j'imaginais me pendre dans l'entrée du pavillon et que ma mère – surtout elle – serait à vie marquée par cette image. »

Face aux confidences douloureuses de l'adolescente, sa mère a affiché un ahurissement total et (Dieu merci)… muet. Son mari en a profité pour réagir (enfin ?) vivement : « Je t'avais dit, Josiane, d'arrêter de "seriner" Gwenaëlle avec tes idées libertaires. Si tu n'as pas fait le deuil de mai 68, c'est ton problème, pas le sien. Notre fille va très mal et c'est tout ce qui compte. Il faut prendre au sérieux ce qu'elle dit. Je n'ai pas envie de la voir entre quatre planches. » Je suis ensuite intervenu pour dire que cette rencontre ne visait pas à désigner des coupables et des victimes, mais à prendre la mesure des idées et des problématiques de chacun de façon à venir en aide à l'adolescente et, si besoin, de soutenir ses parents. Si j'ai approuvé le père de Gwenaëlle dans sa reconnaissance du mal-être de celle-ci, je me suis donc abstenu de faire écho à sa critique idéologique. C'était là une autre histoire… La fin de l'entretien approchait. J'ai proposé à la jeune fille des entretiens réguliers de soutien psychologique avant – éventuellement – de l'orienter vers un psychothérapeute. Valorisant le désir de l'adolescente de cesser de s'intoxiquer au cannabis, je l'ai également adressée à un psychiatre local – et lui ai remis une lettre *ad hoc* – pour qu'elle prenne un traitement antidépresseur en lieu et place des « joints ». Gwenaëlle a adhéré à mes deux propositions de prise en charge. Au cours des semaines qui ont suivi, j'ai reçu ses parents seuls dans le cadre d'entretiens de « guidance ». J'ai veillé à ce que le père de la jeune fille n'accable pas son épouse. Sans se sentir humiliée, celle-ci a rapidement modifié le regard monolithique qu'elle portait sur le cannabis.

Les représentations et le vécu personnel initiaux de la mère de Gwenaëlle au sujet du produit et l'attitude éducative lénifiante qui en résultait avaient eu un effet de cécité intellectuelle et affective vis-à-vis des difficultés psychologiques que l'adolescente tentait de gommer en fumant des « joints ». Mais cette femme s'est remise en question. Comme nous allons le voir, tous les parents personnellement concernés par la « fumette » n'ont pas cette capacité, du moins au moment où je suis amené à les recevoir.

Le père de Guillaume fait un affligeant scandale au collège

C'est le cas du père de Guillaume, âgé de quatorze ans. Ce collégien vient de passer en conseil de discipline, ce qui lui a valu deux semaines d'exclusion. La conseillère principale d'insertion de l'établissement l'a informé de l'existence de l'institution où je travaille. Son père l'accompagne. Cet homme bourru n'y va pas par quatre chemins. S'il a accepté de me rencontrer, c'est parce qu'il a « plein de choses à dire » contre l'Éducation nationale, qui selon lui a humilié par incompétence son fils. Un mois plus tôt, ce dernier a été dénoncé par une élève à qui il essayait de vendre de l'herbe « aux allures » de cannabis dans la cour de récréation. Deux autres élèves se livraient à la même activité. La marchandise a été saisie par le proviseur, qui a prévenu la gendarmerie et convoqué les parents des trois collégiens[13]. Le père de l'adolescent enchaîne avec agacement : « On m'a fait perdre mon temps. Je me suis retrouvé face à des gens disposés comme dans un tribunal. Quand j'ai demandé quel était le problème, le "protal" a déposé sur la table un sac en plastique transparent. Il prétendait que c'était de la marijuana et que Guillaume et ses deux copains en avaient "dealé" à plusieurs élèves. J'ai demandé si les gendarmes avaient analysé le "truc" et ces messieurs dames en cravate ont eu l'air gêné. Ils m'ont répondu : "Nous attendons les résultats du laboratoire d'un instant à l'autre, mais les gendarmes nous ont assuré par expérience qu'il s'agit de cannabis." Moi, je n'aime pas qu'on me prenne pour un imbécile ! Alors j'ai plongé sur la table et j'ai chopé le sac ; ça a déclenché un "souk" monstre. Le proviseur a beuglé que je n'avais pas le droit de faire ça, que c'était une pièce à conviction et qu'il pouvait porter plainte. On se serait cru dans un film policier. J'ai éventré le paquet et "reluqué" le contenu. J'ai vu aussitôt que ce n'était pas des plants de *shit* et j'ai reposé le sac en me marrant. Le proviseur adjoint m'a demandé ce qui me rendait si sûr de moi. C'est très simple, que je lui ai répondu. Le cannabis, j'en cultive (en douce, bien sûr) et j'en fume tous les jours. Directement du producteur au consommateur, ça évite les intermédiaires et les ennuis. Je me suis levé en leur disant d'arrêter d'emm… Guillaume et je les ai laissés plantés là, ahuris. »

Surmontant mon propre étonnement, je demande à l'adolescent s'il a déjà consommé du cannabis. Son père s'exprime à sa place : « Bien sûr qu'il en fume. J'ai le sens du partage. (Il s'esclaffe en prenant son fils par l'épaule.) Et c'est un malin, mon

13. Pour information, seul le père de Guillaume s'était alors rendu au collège. À l'occasion d'une relance téléphonique, la parentèle de l'un des deux comparses du patient a affirmé qu'elle n'avait pas reçu le courrier – pourtant posté en recommandé – et l'autre qu'elle n'avait pas le temps d'effectuer cette démarche bien que le père comme la mère soient sans emploi…

fiston ! Il n'allait quand même pas "fourguer" de la "vraie" à ses camarades. Quand j'ai reçu la lettre du bahut, on a bien rigolé. On savait qu'il ne risquait rien. » Cet homme ajoute : « Pour mes plantations "spéciales", je ne crains pas que les gens du collège en parlent aux gendarmes. Je fais pousser ça dans un jardinet très à l'écart de la maison. C'est un endroit entouré de rochers et de buissons épineux. Personne n'y met les pieds. » Je tente une dernière intervention auprès de l'adolescent : « Connais-tu les risques liés à l'usage de cannabis ? Et peux-tu t'en passer ? » Avec bonhomie, son père lui tape dans le dos et l'encourage : « Ben vas-y. Fais pas ton timide. » Guillaume lâche d'une voix aigre et pleine de défi : « Bien sûr que je sais que les "bédos" ça fait planer et qu'on ne percute plus question gamberge. D'ailleurs, en classe, je n'en fiche pas une rame et ça n'est pas près de s'arranger. Mais ça ne me gêne pas. Je n'ai plus que deux ans à "tirer" jusqu'à mes seize ans. À ce moment-là, mon père me fera embaucher dans le garage où il bosse ; ça pourrait même être "au black". Comme ça, on y gagnerait tous : le patron ne payerait pas de charges et je toucherais plus d'argent. Quant à me passer des "joints", il faudrait que je sois le dernier des cons. Et pourquoi savoir si ça serait facile ou non d'arrêter ? Je m'en bas l'œil. Grâce à mon père, j'en ai autant que je veux. »

L'entretien a pris fin sur cet état des lieux édifiant. J'ai juste trouvé la force de prononcer à mes interlocuteurs la phrase « rituelle » selon laquelle je restais à leur disposition en cas de besoin… puis j'ai passé la soirée à méditer sur les étranges alliances qui structurent – au mépris de la loi – les relations entre les membres de certaines familles.

Davantage aptes à la psychothérapie

Nonobstant les deux vignettes cliniques que je viens d'exposer et en conclusion à ce chapitre, il me semble que, chez les adultes qui consomment du cannabis, la bonne perception des risques posés par cet usage et l'attachement souvent fort au produit devraient avoir pour conséquence d'appeler davantage – là encore à l'opposé de ce que l'on peut préconiser pour la majorité des adolescents qui fument des « joints » – une démarche psychothérapique qu'une démarche préventive. Le tout est de convaincre ces personnes de s'adresser à un psychologue ou à un psychanalyste. Il faut pour cela lutter contre plusieurs facteurs :

– La force de l'habitude et ses effets de banalisation.

– Parfois, des phénomènes de groupe – certes moins vitaux à l'âge adulte qu'à l'adolescence – dominés par le *statu quo* psychique et le refus de penser.

– La réticence persistante de certains collègues à concevoir qu'une consommation de cannabis puisse avoir pour origine un mal-être psychique et, corrélativement, leur manque de motivation pour favoriser un accès aux soins auprès de ces personnes.

CHAPITRE VI

Des lieux d'aide pour les fumeurs de cannabis

POUR FAIRE FACE À L'AUGMENTATION DE DEMANDES de prise en charge qui émanent de fumeurs de cannabis ou de personnes de leur entourage, les pouvoirs publics et les professionnels du soin aux usagers de drogues ont développé en France deux types de lieux d'aide :

– Depuis 1996, les Points Accueil Écoute Jeunes (il en existe environ 100).

– Depuis janvier 2005, les Consultations Cannabis (il en existe environ 240).

Pour fournir les coordonnées de ces différentes structures, la Mission Interministérielle de Lutte contre la Drogue et la Toxicomanie (MILDT) a mis en place, en décembre 2004, une ligne téléphonique spécifique : Écoute Cannabis, dont le numéro est 0 811 91 20 20 et dont le coût est celui d'une communication locale. Les « écoutants » de cette ligne proposent également des informations sur les effets et les risques du cannabis, sur la loi et donnent des conseils de prévention.

Les Points Accueil Écoute Jeunes

Depuis bientôt dix ans, de nombreuses associations d'aide aux toxicomanes se sont dotées, en complément de leurs structures curatives, de structures clairement préventives : les Points Accueil Écoute Jeunes (PAEJ). Les missions de ces nouvelles structures ont été définies puis affinées par trois circulaires, en 1996, en 1997 et en 2001. Les PAEJ s'adressent aux adolescents non toxicomanes mais qui vivent un mal-être accentué, ainsi qu'à leurs parents. L'une des principales hypothèses de travail est qu'une intervention psychologique et éducative de soutien et de conseil à ces adolescents – et à leur famille – empêcherait dans certains cas l'émergence d'une toxicomanie ou de prises addictives de risques en matière d'alimentation, de sexualité, de violence, etc.

La mise en place de ces structures a fait suite à un rapport et deux enquêtes réalisés en 1994 :

– Le rapport interministériel du groupe de travail « Ville, santé mentale, précarité et exclusion sociale », dirigé par Strohl et Lazarus. Faisant le point sur les difficultés d'accès aux soins psychiques pour les personnes les plus démunies, ce rapport comprend des contributions d'acteurs sociaux et sanitaires très diversifiés – missions locales, associations de chômeurs, associations de quartier, intervenants en toxicomanie – qui ont développé des lieux d'accueil spécifiques pour les adolescents.

– La Consultation nationale des jeunes lancée sous le gouvernement Balladur à la suite de mouvements de masse des lycéens. Les résultats du questionnaire ont traduit une demande marquée de lieux d'aide à la fois « dépathologisés » – c'est-à-dire sans connotation psychiatrique – et distincts de la famille, de l'école et des centres de loisirs, exprimée en ces termes : « Trouver une écoute individualisée en matière de santé ». Cette enquête a débouché dans un premier temps, en 1995, sur la création du Fil Santé Jeunes. Géré par l'École des Parents et des Éducateurs d'Île-de-France, ce numéro vert – qui vient d'organiser un colloque à l'occasion de ses dix ans d'existence – a pour mission de proposer aux jeunes un service téléphonique anonyme et gratuit (écoute, information, orientation dans les domaines de la santé physique, psychologique et sociale) et, par-delà, d'être un « observatoire national » des difficultés sanitaires des adolescents.

– L'enquête épidémiologique de l'Inserm menée par Choquet et Ledoux en direction des adolescents et des jeunes adultes. Cette étude a mis en lumière l'augmentation spectaculaire des consommations de drogues chez les lycéens, le déficit d'informations en matière de nocivité des stupéfiants chez les 16-25 ans non scolarisés et le fait que l'âge statistique moyen où un jeune est susceptible de basculer dans une toxicodépendance s'établit à 19,5 ans.

Les PAEJ ont fait l'objet d'une note de synthèse par Vidal-Naquet, Tievant, Touzé et Amiel (1997), complétée par un rapport d'évaluation effectué par Jacob, Joubert et Touzé (2000) pour l'Observatoire Français des Drogues et des Toxicomanies[1]. Ce rapport indique que ces lieux d'aide ont structuré leur identité autour de pratiques innovantes : « Une prévention primaire qui s'élargit à l'ensemble des problèmes à l'adolescence, et une prévention globale qui replace la problématique des toxicomanies dans celle, plus large, du lien social. » Surtout, ce rapport résume les axes d'intervention préventive grâce auxquels les PAEJ, remarquablement cohérents de ce point de vue, définissent l'identité de leur projet : « la proximité : capacité à atteindre des adolescents concernés par les conduites à risques (ou leurs parents) ou à rendre accessibles des espaces de contact, de parole et d'activités qui permettront d'établir des liens ; le développement d'une emprise préventive : capacité à créer un terrain commun de travail avec les personnes touchées pour introduire des changements sur le plan de leur positionnement à l'égard des conduites à risques ; l'engagement d'une dynamique inter-

1. Puis discutée par le sociologue Fassin (2004) à propos des « lieux d'écoute » en général.

active susceptible d'assumer l'appropriation des ressources préventives mises à jour par les autres acteurs de prévention au niveau local (*ibid.*).

Au total, la prévention des toxicomanies a connu une double transformation au gré de la création des PAEJ. D'une part, les « préventologues » sont passés d'un type d'intervention global et informatif – dont l'archétype (à présent fossile) est la réunion d'informations en milieu scolaire – à un type d'intervention individualisé et interactif, centré sur l'usager ou / et son entourage. D'autre part, la prévention des toxicomanies est désormais indissociable, en théorie comme en pratique, de celle des autres prises de risques excessives à l'adolescence.

On l'aura compris, les PAEJ reçoivent électivement des jeunes qui consomment du cannabis – sachant, comme nous l'avons vu en détail, que les usages non toxicomaniaques de ce produit sont nettement majoritaires chez cette population – ou qui expérimentent d'autres substances psychoactives pour faire face aux manifestations psychologiques et relationnelles les plus tumultueuses de « l'âge ingrat ». Les actions originales de prévention des toxicomanies et des autres prises de risques excessives à l'adolescence[2] mises en œuvre dans les PAEJ s'adressent donc à un très large spectre d'usagers.

Cette particularité a une conséquence assez fréquente : certains adolescents doivent être réorientés, essentiellement vers les structures de la santé mentale. On pourrait penser que le ciblage des usagers des PAEJ est trop étendu et qu'il serait pertinent de rendre sélectif l'accès à ces structures pour éviter des rencontres « inutiles » car inadaptées aux besoins des jeunes dont la souffrance excède les aléas de la crise d'adolescence commune et nécessite des soins psychiques, parfois urgents. Idéale sur le plan

2. Pour approfondir les enjeux intrapsychiques et relationnels de ces comportements juvéniles, voir P. Hachet, *Ces ados qui jouent les kamikazes* (2001).

technique de l'offre et de la demande, cette considération achoppe sur un point essentiel : même si une réorientation s'impose, certaines demandes exprimées par les adolescents ou leurs parents sont à la base en cohérence avec les services que nous proposons. Le tout est de détecter et nommer les difficultés cruciales qui peuvent se présenter en situation d'entretien. Dans les cas d'Amélie et d'Armand (cf. pp. 101-104), à la fois consommateurs de cannabis et présentant des symptômes psychotiques, l'évaluation que j'ai faite du rapport de ces adolescents à une substance psychoactive a voisiné avec celle de leur état mental. Ma capacité de soutien de l'exercice de la parentalité a favorisé l'acceptation par le père et la mère de chacun de ces jeunes de la réalité de leurs troubles mentaux – qui ne devaient par ailleurs rien à une quelconque « psychose cannabique » –, ainsi que d'une démarche de soins psychiatriques.

Résolument ancrés dans une optique préventive, les PAEJ ont su développer de façon parallèle et en fonction des situations cliniques rencontrées des compétences en termes d'évaluation du fonctionnement psychique et d'orientation *ad hoc*. De manière complémentaire, les équipes de santé mentale, après avoir historiquement éludé la nécessité d'un travail avec l'entourage familial en ne recevant que les parents d'enfants, ont commencé elles aussi à pratiquer la guidance auprès de parents d'adolescents, voire de jeunes adultes. Comme le fait remarquer Fericelli-Broun (2002), « ce travail auprès des parents peut permettre dans bien des cas l'accès aux soins de l'adolescent lui-même, dont on connaît la fréquente réticence à consulter un acteur de la santé mentale ». Gageons que cette évolution des pratiques contribuera à améliorer l'indispensable travail en partenariat qui doit associer les PAEJ et les structures psychiatriques dans la prise en charge d'adolescents et de parents d'adolescents.

En résumé, les Points Accueil Écoute Jeunes sont des structures récentes entièrement consacrées à la prévention des usages de drogues et des autres conduites à risques excessives à l'adolescence. Ces lieux de prise en charge généraliste et gratuite, à dominantes éducative et psychologique, du mal-être juvénile et de soutien aux parents d'adolescents gagneraient à être davantage connus du grand public. En effet, les PAEJ sont particulièrement adaptés pour informer jeunes et adultes sur les risques liés à la consommation de cannabis (la démotivation scolaire, l'angoisse panique chez les sujets anxieux, l'altération de la vigilance lors de la conduite en scooter ou en voiture, etc.) et, surtout, pour évaluer avec eux leur degré d'attachement psychologique aux effets des « joints » et les aider à explorer d'autres moyens pour se sentir exister.

Les Consultations Cannabis

En plus des PAEJ – dont les missions préventives ciblent les prises de risques adolescentes en général – et dans le cadre d'un plan quinquennal (2004-2008), la Mission Interministérielle contre la Drogue et la Toxicomanie vient de « labelliser » sous le nom de Consultations Cannabis un réseau de lieux de soins (gratuits et garantissant l'anonymat) spécifiquement destiné aux jeunes consommateurs de cannabis et à leur famille. Ces consultations sont implantées au sein de structures de soins existantes, dont elles élargissent la gamme de services proposés :

– Dans le secteur associatif, des Centres de Soins Spécialisés aux Toxicomanes (CSST) et des Centres de Consultation Ambulatoire en Alcoologie et Addictologie[3] (CCAAA),

3. Ce terme (à la mode depuis quelques années, comme ceux de « secret de famille » et de « résilience ») désigne l'étude et le traitement des sujets présentant une addiction, c'est-à-dire une dépendance psychologique à une ou plusieurs drogues en général, licites (alcool, tabac, « calmants », « somnifères ») comme illicites (héroïne, cocaïne, cannabis, etc.).

jusqu'alors destinés aux personnes alcooliques ou / et qui présentent des troubles alimentaires sévères (anorexie, boulimie).

– Dans le secteur hospitalier, des services dits d'addictologie qui, jusqu'ici, accueillaient des patients toxicodépendants sur un versant essentiellement médical[4], dans le cadre de cures de sevrage.

Ces « greffons » institutionnels – dont il reste à savoir s'ils vont correctement « prendre » – possèdent une généalogie dont il serait injuste de ne pas faire état. D'une part, le cahier des charges et l'activité (probante) des PAEJ ont largement contribué à la définition des Consultations Cannabis, puisque celles-ci ont pour buts – comme le détaille un livret de prévention (2005) dirigé par l'Institut National de Prévention et d'Éducation pour la Santé (INPES) – « d'effectuer un bilan des consommations, d'apporter une information et un conseil personnalisé aux consommateurs et à leur famille, d'aider en quelques consultations à arrêter la consommation, de proposer une prise en charge à long terme lorsque la situation le justifie ». D'autre part, depuis plusieurs années, certains Centres Spécialisés de Soins aux Toxicomanes ont spontanément développé – et continuent d'assurer – des prestations spécifiques en direction des fumeurs de « joints ».

À mon sens, un aménagement précurseur remarquable a été mis en place par Jean-Marc Couteron (2001), chef de service et psychologue dans un CSST de l'association CEDAT, à Mantes-la-Jolie. Notre collègue est parti d'un double constat : la rareté

4. Sur ce point précis, Morel (2002) met en garde les « addictologues » contre le risque d'« une pathologisation et une médicalisation excessives de pratiques et de questions qui sont avant tout sociales et dans lesquelles les représentations psychiques et les choix de vie opèrent au moins autant que les médicaments. Cette hégémonie médicale [...] sonnerait la défaite des sciences sociales et des approches psychodynamiques ou psychosociales et aurait pour conséquence de rendre impossible toute appropriation par la communauté sociale des questions sous-jacentes (la recherche du plaisir, la place de la pharmacologie dans nos quotidiens, etc.) ».

de la demande spontanée de l'adolescent, à laquelle se substitue presque toujours celle d'un adulte inquiet qui souhaite un arrêt prompt et définitif de la consommation, et le fait que « l'expérience de l'adolescent consommateur est souvent riche à son insu d'informations susceptibles de l'aider à mieux en garder la maîtrise tout en permettant à l'adulte de comprendre ce qu'il y trouve » *(ibid.)*. La « consultation jeunes usagers de cannabis » de cette association vise donc à offrir à des adolescents qui ne se sont jamais rendus dans un centre spécialisé « un contact constructif sur la question de l'usage de cannabis et d'autres substances dans la phase d'installation de la consommation » (*ibid.*). Dialoguer avec un jeune qui fume des « joints » l'aide à « déployer lui-même la diversité des facettes de son expérience de consommateur, y compris celles dont il n'avait plus conscience. L'objectif est qu'il puisse évaluer son impact dans sa vie quotidienne ainsi que sa capacité à contrôler ses effets » (*ibid.*). Dès qu'il prend rendez-vous, l'adolescent est informé du cadre et du but de sa démarche. Il s'agit de consultations « d'aide à l'autoévaluation », qui ne comportent ni dimension psychothérapique ni forçage vers l'abstinence, se déroulent sur une plage horaire distincte de l'accueil des usagers d'opiacés et sont assurées par un psychologue et une éducatrice : « Ce qui est proposé sera donc moins de consulter pour arrêter ou pour réfléchir à des difficultés psychologiques, mais de venir évaluer avec un interlocuteur compétent et neutre l'impact de sa consommation, en dehors de toute obligation judiciaire. [...] ce tiers offrira la possibilité de nuancer les représentations excessives des parents sur les risques pris » *(ibid.)*.

Le premier rendez-vous est consacré à la présentation d'une grille d'entretien, que le jeune remplit lui-même et qui est destinée à répondre aux questions suivantes : « Quel produit ? Quel mode de consommation ? Quel rythme de consommation ? Quels effets ressentis ? » L'adolescent est rendu « acteur de la démarche engagée et non simple spectateur d'une évaluation à laquelle le "spécialiste" procéderait à partir de ses propres grilles » (*ibid.*). Comme le détaillent Karila, Couteron et Reynaud (2004), un autre outil d'évaluation est utilisé depuis peu à Mantes-la-Jolie[5] : l'ADOSPA, acronyme français du questionnaire américain CRAFFT (Car, Relax, Alone, Forgotten, Friends-Family, Trouble), conçu pour le dépistage précoce des usages à risque et nocif de l'alcool et des autres substances psychoactives. La durée de passation n'excède pas cinq minutes. Cet outil comporte six questions, qui concernent des facettes clés de la consommation d'alcool ou d'autres drogues : « Êtes-vous déjà monté(e) dans un véhicule (AUTO, moto, scooter) conduit par quelqu'un (vous y compris) qui avait bu ou qui était défoncé ? Utilisez-vous l'alcool ou d'autres drogues pour vous DÉTENDRE, vous sentir mieux ou tenir le coup ? Consommez-vous de l'alcool ou d'autres drogues quand vous êtes SEUL(E) ? Vous est-il déjà arrivé d'OUBLIER ce que vous avez fait sous l'emprise de l'alcool ou d'autres drogues ? Avez-vous déjà eu des PROBLÈMES en consommant de l'alcool ou d'autres drogues ? Vos AMIS ou votre famille vous ont-ils déjà dit que vous deviez réduire votre consommation de boissons alcoolisées ou d'autres drogues ? » Un usage problématique est repéré en cas de réponse positive à deux questions ou plus.

Cet état des lieux prépare un second voire un troisième entretien. Couteron (2001) explique que le jeune est invité à « définir des situations symboliquement importantes pour lui » et à « expérimenter sa capacité à les vivre sans y associer automatiquement la prise de produits ». Là encore, l'objectif n'est pas de « mettre une pression inutile mais de soutenir une prise de conscience active de la place actuelle tenue par le(s) produit(s) [...] en cernant les caractéristiques d'usage » (*ibid.*). Les rencontres se terminent par une évaluation « construite en

5. Et par delà, dans l'ensemble des Consultations Cannabis.

commun à partir de l'écoute de l'expérience de l'usager », lequel peut ainsi « identifier l'impact de la prise de produit sur son existence » (*ibid.*).

À l'issue de ces entretiens, trois occurrences sont observées : soit l'adolescent souhaite continuer à rencontrer ses interlocuteurs et une guidance, voire une psychothérapie, est mise en place ; soit le jeune préfère poursuivre sa consommation, mais de manière maîtrisée, et n'hésitera pas à revenir consulter si son rapport au produit devient contraignant pour lui ; soit l'adolescent poursuit une consommation abusive de cannabis, souvent associée à celle d'autres produits, dont il a reconnu l'aspect problématique et risqué mais qu'il n'entend pas remettre en question. Dans ce dernier cas, notre collègue propose de revoir le jeune dans un délai de six mois, lui signifiant par là même que son refus de s'engager davantage dans une démarche de soins ne conduit pas l'équipe à rompre le contact avec lui. Il pourra toujours être accueilli quand il le souhaitera.

Notons que pour « attirer » une population d'adolescents qui consomment du cannabis, voire d'autres drogues, l'équipe de ce centre de soins aux toxicomanes a dû articuler ses actions avec celle d'une association locale de prévention des toxicomanies – d'un Point Accueil Écoute Jeunes donc – pour bénéficier des liens de travail de cette dernière avec le milieu scolaire et les travailleurs sociaux.

Synthèse

Les Points Accueil Écoute Jeunes sont spécifiquement dévolus à la prévention des toxicomanies et des autres conduites à risques excessives chez les adolescents. À cet effet, ils assurent une écoute psychologique et un accompagnement éducatif ponctuels auprès – entre autres « publics » – de jeunes consommateurs de cannabis non « addictés » et de leurs parents. Ils réorientent vers des structures de soins (en toxicomanie, en alcoologie, en santé mentale) les adolescents – fumeurs de cannabis ou non – qui se sentent contraints de prendre compulsivement des risques excessifs, notamment en matière de consommations de drogues, et qui, corrélativement, présentent une souffrance psychologique importante.

Complémentairement, les Consultations Cannabis sont vouées à recevoir des fumeurs de cannabis psychiquement dépendants (ou en passe de l'être) de ce produit et qui nécessitent à ce titre des soins, psychologiques (psychothérapie) ou / et médicaux (prescription médicamenteuse, bilan de santé). Ces structures ont en outre commencé à développer des questionnaires d'autoévaluation de l'usage de cannabis.

Gageons que ces deux types de lieux d'aide sauront articuler intelligemment leurs spécificités professionnelles pour accueillir au mieux les consommateurs de « joints » et leur entourage.

Conclusion

Les états d'âme d'un psychologue citoyen

Le 23 avril 2003, au Sénat, devant une commission d'enquête sur la politique nationale de lutte contre les drogues illicites, le ministre de l'Intérieur Nicolas Sarkozy s'était sévèrement prononcé contre toute consommation de cannabis chez les jeunes, même à titre expérimental (fumer une seule fois un « joint » pour « voir ce que ça fait »). En la matière, quel est l'état de la loi dans notre pays ? Rappelons qu'en France, la loi du 31 décembre 1970, qui constitue la pierre angulaire de la lutte contre la toxicomanie sur son double versant répressif[1] et sanitaire, prévoit que le simple usage de cannabis – classé parmi les substances stupéfiantes illicites – est passible d'une peine d'emprisonnement d'un an ferme au maximum ou / et d'une amende pouvant aller jusqu'à 25 000 francs (3 812 euros).

Plus de trois décennies plus tard, ces dispositions sont-elles appliquées ? Non, et cela ne date pas d'hier. Dans le détail :

1. L'opposition française à la consommation de cannabis possède une longue histoire, antérieure à l'introduction du produit dans notre pays. Il y a plus de deux siècles, lors de la campagne d'Égypte, Bonaparte interdit à ses soldats ainsi qu'aux autochtones l'usage du haschich du fait de l'effet « abrutissant » de cette substance, peu compatible avec l'efficacité martiale et avec l'effort au travail (fourniture de denrées alimentaires et production de biens d'équipement) exigé d'une population colonisée.

– Des amendes sont couramment prononcées à l'encontre des usagers de cannabis, surtout s'ils ont été interpellés par les services des douanes, mais elles sont loin d'atteindre la somme maximale prévue par la loi. Raison en est que ces amendes sanctionnent la possession d'une quantité de cannabis de l'ordre de plusieurs grammes, voire de plusieurs dizaines de grammes. À l'inverse, la détention d'une quantité importante de produit – sachant que la loi ne fixe aucun seuil en la matière – amène le magistrat à qualifier les faits reprochés non plus en termes d'usage de cannabis mais, selon les situations, de détention ou / et de vente ou / et de cession ou / et d'importation. L'usager de cannabis bascule alors dans la catégorie *dealer* et la condamnation judiciaire est systématique.

– En ce qui concerne l'incarcération, il y a longtemps que l'on ne va plus en prison (peut-être à quelques exceptions près, par exemple en cas de récidive) pour avoir fumé un « joint ». En quinze ans d'expérience, un seul patient m'a fait part du cas contraire. Ce jeune homme habitait un département très rural où le Parquet avait voulu « faire un exemple ».

Au total, concernant la loi sur l'usage simple de cannabis, si le texte existe toujours, son application effective est devenue tout autre. Corrélativement, depuis 1999, sur proposition de Madame le Garde des Sceaux, les procureurs sont invités à ne plus condamner en cas de simple usage de drogue illicite, qu'il s'agisse d'ailleurs du cannabis ou d'un autre produit stupéfiant. Dans cette perspective, le fait que Nicolas Sarkozy ait écarté la possibilité d'un emprisonnement pour les personnes qui consomment du cannabis ne reviendrait qu'à faire cesser le *hiatus* qui existe entre la lettre et l'esprit de la loi… Certes, les choses seraient alors plus lisibles et cohérentes pour le citoyen, usager ou non de cannabis. Le problème est que ce point de toilettage d'un aspect de la loi du 31 décembre 1970 se traduirait en « contrepartie » par une palette de sanctions – travail d'intérêt général, recul de l'âge pour passer le permis de conduire, confiscation du deux-roues que l'adolescent peut posséder – qui, en l'état, évacuerait totalement le fait que tous les jeunes qui fument des « joints » ne le font pas, loin de là, pour « essayer » ou pour faire la fête, mais assez souvent pour tenter d'amenuiser un mal-être psychologique d'intensité et de durée variables selon les individus.

Comme nous l'avons vu en détail, de nombreux adolescents ne recherchent pas seulement dans l'usage et les effets du cannabis un moyen de « transgresser un interdit » fixé par le monde des adultes ou d'avoir plus d'euphorie, d'humour et de spontanéité en faisant la « teuf ». Pour ces jeunes, la consommation de ce produit représente tout autant un remède bricolé – souvent préféré à « l'apéro de mon père » et aux « somnifères de ma mère » – face aux manifestations psychologiques les moins agréables de la crise d'adolescence. Citons pour mémoire la « déprime », l'angoisse, la difficulté à communiquer – notamment avec les parents et les autres adultes –, le malaise face à sa propre agressivité et à celle d'autrui, le doute (passager et fréquent à cet âge) quant à l'identité sexuelle, etc.

Par ailleurs, sur le terrain et depuis une bonne vingtaine d'années, il n'est pas rare que les intervenants en toxicomanie et les représentants des forces de l'ordre assurent en partenariat, assis à la même table, des réunions d'information et des débats en direction de publics variés ; par exemple des parents d'élèves, accompagnés des intéressés dans le but de poursuivre ensuite la discussion en famille… Si les gendarmes et les policiers sont compétents pour traiter des effets des drogues et de la lutte contre leur fabrication et leur trafic, les « préventologues » et les soignants, eux, apportent des informations complémentaires et indispensables au sujet de la relation toujours singulière – qui est comprise entre l'expérimentation et la toxicomanie – qu'un individu peut entretenir avec une drogue, qu'il s'agisse du cannabis ou d'une autre substance psychoactive.

À la lueur des motivations psychologiques variées et complexes – nécessitant une approche individuelle – qui sont à l'origine des consommations juvéniles de cannabis et du partenariat pertinent que les professionnels du soin aux usagers de drogues et des représentants des forces de l'ordre mettent en œuvre dans le cadre d'actions communes de prévention, les projets du ministère de l'Intérieur gagneraient grandement à ne pas faire de la prévention de l'usage des drogues et de la toxicomanie un champ d'action strictement policier et à prendre en considération les interventions (et les intervenants...) existantes. Pour que notre ministre de l'Intérieur soit convaincu du fait que la consommation de cannabis chez les jeunes n'appelle pas que des réponses répressives, des rencontres avec les professionnels de la prévention et du soin aux usagers de drogues seraient les bienvenues.

En dernier lieu, rapidement mais fermement, je mettrai les pieds dans le plat en désignant les principaux responsables du *statu quo* législatif au sujet du cannabis. Je pense que le *lobby* hexagonal des alcooliers et celui des cigarettiers ont éminemment intérêt à ce que la consommation de cannabis demeure interdite par la loi et soit redoutée, voire diabolisée, dans l'esprit de nos concitoyens, afin de détourner l'opinion publique de la réalité de la nocuité de l'alcool[2] et du tabac et d'en soutenir la consommation, d'autant plus que celle de l'alcool ne cesse de décroître depuis quarante ans dans notre pays et que celle du tabac – essentiellement du fait du prix des paquets de cigarettes – paraît vouée au même déclin.

Je suis intimement convaincu que la politique française de prohibition au sujet de la consommation de cannabis devra céder

2. L'alcoolisme n'est plus rare à l'adolescence, où certains jeunes recherchent un état de coma éthylique et, s'ils réchappent souvent à ces tentatives de suicide déguisées, posent de toute façon les jalons d'une dégradation somatique précoce et irréversible (atteintes cérébrales et hépatiques).

la place à une réglementation de l'usage de ce produit, comme c'est déjà le cas pour le tabac et l'alcool. Il est temps que le législateur consente à faire du détail plutôt que de s'obstiner à maintenir coûte que coûte un couvercle aveuglément répressif[3] qui ne trompe quasiment plus personne. Il ne suffirait que d'un peu de courage politique…

3. Corrélativement, le cannabis vient de moins en moins « d'ailleurs », ce qui voue la peur de l'étranger à devenir inopérante…

Bibliographie

Aquatias S., Khedim H., Murard N., Guenfoud K. *L'usage dur des drogues douces. Recherche sur la consommation de cannabis dans la banlieue parisienne*. Rapport pour la Délégation Générale de Lutte contre les Drogues et la Toxicomanie (DGLDT), Ministère de l'Éducation supérieure et de la Recherche. Paris : GRASS, 1997.

Aquatias S., Maillard I., Zorman M. *Faut-il avoir peur du haschich ?* Paris : La Découverte & Syros, 1999.

Assailly J.-P. « Cannabis et sécurité routière », dans *L'usage problématique de cannabis*, n° spécial Toxibase-Crips, *Revue Toxibase*, n° 12, *Lettre du Crips*, n° 70, 2003, pp. 46-48.

Balint M. (1959) *Les voies de la régression*. Paris : PUF, 1972.

Beck F., Legleye S. « Les jeunes et le cannabis », *Regards sur l'actualité*, n° 294, 2003, pp. 53-65.

Beck F., Legleye S., Peretti-Wattel P. *Regards sur la fin de l'adolescence. Consommations de produits psychoactifs dans l'enquête Escapad 2000*. Paris : OFDT.

Birambo E. « Accro c'est trop », *Asud*, n° 25, 2003, p. 23.

Chabrol H., Massot E., Montovany A. et al. « Modes de consommation, représentations du cannabis et dépendance : étude de 159 adolescents consommateurs », *Archives françaises de pédiatrie*, n° 8, 2002, pp. 780-788.

Chabrol H., Roura C. « Le "bong", un mode fréquent et méconnu de consommation du cannabis », *Le courrier des addictions*, vol. 6, n° 1, 2004, pp. 28-31.

Chauvin R. *Les surdoués*. Bruxelles : Marabout, 1976.

Chollet-Przednowed E. *Cannabis : le dossier*. Préface de Claude Got. Paris : Gallimard, 2003.

Choquet M., Ledoux S. *Adolescents : enquête nationale*. Paris : Inserm, 1994.

Choquet M., Ledoux M., Hassler C. et al. *Alcool, tabac, cannabis et autres drogues illicites parmi les élèves de collège et de lycée. Espad 99 France*. Paris : OFDT, 2 tomes, 2002.

Choquet M., Beck F., Hassler C., Spilka S., Morin D., Legleye S. « Les substances psychoactives chez les collégiens et les lycéens : consommations en 2003 et évolutions depuis dix ans », *Tendances*, n° 35, 2004.

Connelly M. (1996) *Le poète*. Paris : Seuil, 1997.

Couteron J.-P. « Accueil d'usagers de cannabis : intérêt d'une auto-évaluation », *Interventions*, vol.18, n° 2, 2001, pp. 40-44.

Deguen F., Payet M., Leras M. « De plus en plus de jeunes fument des joints », *Le Parisien*, 14 avril 2004, pp. 2-3.

Dubois J.-P. *Une vie française*. Paris : L'Olivier, 2004.

« Enquête Lycool 1999 : les résultats descriptifs », *Bulletin de l'Orspec*, Poitiers, n° 60, 2000.

Expertise collective de l'INSERM, *Cannabis. Quels effets sur le comportement et la santé ?* Paris : Inserm, 2001.

Fassin D. *Sociologie des lieux d'écoute. Des maux indicibles*. Paris : La Découverte, 2004.

Favatier J. « Délinquance routière et dépistage du cannabis », *Asud*, n° 25, 2003, pp. 20-21.

Fericelli-Broun F. « Travail de guidance auprès des parents d'adolescents et de jeunes adultes en difficulté psychique », *Neuropsychiatrie de l'enfance et de l'adolescence*, tome 50, 2002, pp. 577-582.

Ferlinghetti L. *Unfair arguments with existence*. New York : New Directions, 1964.

Fouquet P. « Réflexions cliniques et thérapeutiques sur l'alcoolisme », *L'évolution psychiatrique*, 1951.

Franck A. *D'un usage de la pensée mathématique, clinique psychanalytique d'une potentialité psychotique*. Ramonville Saint-Agne : Erès, 2002.

Freud A. (1936) *Le moi et les mécanismes de défense*. Paris : PUF, 1951.

Freud S. (1929) *Malaise dans la civilisation*. Paris : PUF, 1981.

Granjon E. « Transmission psychique et transferts en thérapie familiale psychanalytique », *Gruppo*, n° 5, 1989.

Gremillet M., Hyafil C., Ecoiffier M. « Travailler avec Marie-Jeanne », *Libération*, 18 juin 2002, I-III.

Hachet P. *Les toxicomanes et leurs secrets*. Paris : Les Belles Lettres-Archimbaud, 1996.

Hachet P. *Ces ados qui fument des joints*. Paris : Fleurus, 2000.

Hachet P. *Ces ados qui jouent les kamikazes*. Paris : Fleurus, 2001.

Hachet P. *Psychologue dans un service d'aide aux toxicomanes*. Ramonville St-Agne : Erès, 2002.

Hachet P. *Peut-on encore communiquer avec ses ados ?* Paris : In Press, 2004.

Ingold R., Toussirt M. *Le cannabis en France*. Paris : Anthropos, 1998.

Institut National de Prévention et d'Éducation pour la Santé (INPES) (dir.) *Cannabis : les risques expliqués aux parents*. Paris : Ministère des Solidarités, de la Santé et de la Famille, Mission Interministérielle de Lutte contre la Drogue et la Toxicomanie, 2005.

Jacob E., Joubert M., Touzé S. *Évaluation des Points écoute jeunes et / ou parents*. Paris : Recherches et Évaluations sociologiques sur le Social, la Santé et les actions Communautaires (RESSCOM). Observatoire Français des Drogues et des Toxicomanies (OFDT), 2000.

Jamoulle P. *La débrouille des familles. Récits de vie traversés par les drogues et les conduites à risque*. Bruxelles : De Boeck Université, 2002.

Kaes R. *L'appareil psychique groupal. Constructions du groupe*. Paris : Dunod, 1976.

Kafka F. (1924) *Aphorismes*. Paris : Joseph K., 1994.

Karila L., Couteron J.-P., Reynaud M. « Stratégie de repérage et d'évaluation de l'usage nocif de cannabis », dans Reynaud M. (dir.) *Cannabis et santé*. Paris : Médecine-Sciences Flammarion, 2004, pp. 153-164.

Lallemand A. *Le cannabis expliqué aux parents*. Bruxelles : Luc Pire, 1999.

Lascaux M. *Étude des facteurs psychologiques liés à la scolarité qui influencent la prise de cannabis chez les adolescents de 15-18 ans*. Mémoire-thèse (dir. P. Hachet), École des Psychologues Praticiens, Paris, 2005.

Mission Interministérielle de Lutte contre la Drogue et la Toxicomanie (MILDT). *Plan gouvernemental de lutte contre les drogues illicites, le tabac et l'alcool 2004-2005-2006-2007-2008*. www.drogues.gouv.fr, 2004.

Moreau de Tours (1845) *Du haschich et de l'aliénation mentale*. Paris-Genève : Slatkine, 1980.

Morel A. « Fondements historiques et cliniques d'un rapprochement », *Alcoologie et addictologie*, n° 24 (4 Suppl.), 2002, pp.10-19.

Mura P. « Cannabis et accidentalité routière », *Synapse*, n° 198, 2003, pp. 33-35.

Muré E. *La toxicodépendance des consommateurs de cannabis.* Mémoire-thèse (dir. P. Hachet), École des Psychologues Praticiens, Paris, 2001.

Nachin C. *À l'aide, y a un secret dans le placard!* Paris : Fleurus, 1999.

Nasio J.-D. « Le discours de l'adolescent : une contribution au concept d'adolescence », *Figures de la psychanalyse*, n° 9, 2004, pp. 67-79.

Observatoire Français des Drogues et des Toxicomanies (OFDT). *Drogues et toxicomanies, indicateurs et tendances.* Paris : La Documentation Française, 2001.

Pouilloux D. *Cannabis, mieux vaut être informé.* Paris : La Martinière, 2004.

Raffy A. *La pédofolie. De l'infantilisme des grandes personnes.* Bruxelles : De Boeck Université, 2004.

Richard D., Senon J.-L. *Le cannabis.* Paris : PUF, 1996.

Schweitzer A. *Le cannabis et les jeunes consommateurs.* Rennes : École Nationale de la Santé Publique, 2003.

Société Française d'Addictologie (SFA), Institut Suisse pour la Prévention de l'Alcoolisme (ISPA). *École et cannabis. Guide à l'intention des enseignants et des établissements scolaires.* Lausanne : Office Fédéral de la Santé, 2004.

Strohl H., Lazarus A. et al. *Une souffrance qu'on ne peut plus cacher.* Paris : Groupe de travail « Ville, santé mentale, précarité et exclusion sociale » de la Délégation interministérielle à la ville et au développement social urbain (DIV) et de la Délégation interministérielle au revenu minimum d'insertion (DIRMI), 1994.

Tassin J.-.P. « La place de la dopamine dans les processus de dépendance aux drogues », *Bulletin de l'Académie Nationale de Médecine*, n° 186, 2002, pp. 23-32.

Tosches N. (2003) *La main de Dante.* Paris : Albin Michel, 2004.

Vidal-Naquet P., Tievant S., Touzé S., Amiel I. *Les Lieux d'écoute. La prévention des conduites à risque et des toxicomanies.* Paris : CERPE, 1997.

Vidit J.-P., Balzani B., Ribot-Kainz G. *Du jeu et des délinquants. Jouer pour pouvoir penser.* Bruxelles : De Boeck Université, 2002.

Table des matières

Du même auteur

- *Les psychanalystes et Goethe,* L'Harmattan, 1995.
- *Les toxicomanes et leurs secrets,* Les Belles Lettres-Archimbaud, 1996.
- *Dinosaures sur le divan, psychanalyse de Jurassic Park,* Aubier, 1998.
- *Le mensonge indispensable, du trauma social au mythe,* Armand Colin, 1999 (traduit en espagnol).
- *Ces ados qui fument des joints*, Fleurus, 2000 (traduit en italien et en portugais).
- *Psychanalyse de Rahan, le fantôme psychique d'un héros de BD*, L'Harmattan, 2000.
- *Cryptes et fantômes en psychanalyse, essais autour de l'œuvre de Nicolas Abraham et de Maria Torok,* L'Harmattan, 2000.
- *Ces ados qui jouent les kamikazes,* Fleurus, 2001.
- *Psychanalyse d'un choc esthétique, la villa Palagonia et ses visiteurs*, L'Harmattan, 2002.
- *Psychologue dans un service d'aide aux toxicomanes,* Erès, 2002.
- *Du trauma à la créativité, essais de psychanalyse,* L'Harmattan, 2003.
- *Peut-on encore communiquer avec ses ados ?*, In Press, 2004.
- *L'observation de l'Homme aux Morts, un analysant porteur de fantômes en lignées paternelle et maternelle,* l'Harmattan, 2005.

Chez le même éditeur

Dans la collection Adolescence et Psychanalyse

La passion adolescente,
Elsa Schmid-Kitsikis, préface de Jean Cournut
La dépression à l'adolescence,
Dominique J. Arnoux, préface de Roger Misès
La famille de l'adolescent, le retour des ancêtres,
Alberto Eiguer
Entrer dans l'adolescence, le temps de la latence,
François Kamel, préface de Paul Denis
Violence et adolescence, Philippe Gutton

Dans la collection de la SEPEA (Société Européenne pour la Psychanalyse de l'enfant et de l'adolescent)

Le nourrisson savant, une figure de l'infantile,
sous la direction de Dominique J. Arnoux
et Thierry Bokanowski
La relation mère-fille, entre partage et clivage
sous la direction de Thierry Bokanowski et Florence Guignard
Psychanalyse de l'enfant et croissance psychique,
sous la direction de François Sacco et Elsa Schmid-Kitsikis
Traumatisme et contre-transfert,
sous la direction d'Annie Anzieu et Christian Gérard

Dans la collection Psycho-Polis

Les logiques du terrorisme, Pierre Mannoni
La démocratie peut-elle survivre au XXIe siècle ? Psychologie politique de la démocratie,
sous la direction d'Alexandre Dorna et Patrice Georget

Dans la collection Explorations psychanalytiques

La fête de famille,
sous la direction de Alberto Eiguer, Christine Leprince, Florence Baruch

Le paradoxe de Winnicott,
Anne Clancier et Jeannine Kalmanovitch
Préface de René Roussillon

Le meurtre du fils – violence et générations, Jacques Bril

Un théâtre intime : l'analyse, Jacques Bril

La problématique alcoolique,
Michèle Monjauze, préface de Joyce McDougall

Linguistique et psychanalyse,
sous la direction de Michel Arrivé et Claudine Normand

Les contes et la psychanalyse,
sous la direction de Bianca Lechevalier, Gérard Poulouin, Hélène Sybertz

D'un siècle à l'autre, la violence en héritage. Perspectives psychanalytiques et anthropologiques,
Collège international de Psychanalyse et d'Anthropologie

Jouer... Le jeu dans le développement, la pathologie et la thérapeutique,
sous la direction de Fabien Joly

Violences sexuelles, le soin sous contrôle judiciaire,
sous la direction d'André Ciavaldini

Psychopathologie transculturelle de l'enfant et de l'adolescent ; Cliniques maghrébines.
Riadh Ben Rejeb – Préface de Daniel Widlöcher

Le visage et la voix,
sous la direction d'Annie Gutmann et Pierre Sullivan

Achevé d'imprimer en septembre 2005
sur les presses de la Nouvelle Imprimerie Laballery
58500 Clamecy
Dépôt légal : septembre 2005
Numéro d'impression : 509091

Imprimé en France